CW01653878

Pour Patrick,

Le "Compagnon de route"

qui a vu tant de ces

textes naître,

Affectueusement,

Bonnet

CHASSES

Bruno Sibona

CHASSES

(femmes, oiseaux, insectes)

Récits

L'Harmattan

5-7, rue de l'Ecole polytechnique ; 75005 Paris

http://www.librairieharmattan.com
diffusion.harmattan@wanadoo.fr
harmattan1@wanadoo.fr

ISBN : 978-2-296-10768-7
EAN : 9782296107687

SOMMAIRE

À LA LUNE ROUSSE...

À la lune rousse d'août se levant
Au-dessus de la mer je dédie...
Ce qu'il y a de bien avec les mots,
C'est qu'on peut parler de n'importe quoi ;
Et la morte dit : « Laissez-moi tranquille ».

Un très long chemin depuis ce soir d'automne 78 où, du haut de ma chambre de la cité universitaire des Gazelles, à Aix-en-Provence, sur le bord de la falaise dominant la vallée de l'Arc, le viaduc de Cézanne, je regardais la nuit lentement tomber, s'étendre et se relever en pensant qu'elle ne reviendrait peut-être plus jamais, jusqu'à ce soir de décembre de l'année 2000, plus de vingt-deux ans après, à Sydenham, regardant la même nuit tomber, s'étendre et se relever sur les toits de ce village touffu des collines du sud de Londres (les enfants, leur foyer non loin de là, le long du fleuve de cette même ville), en sachant qu'elle reviendra toujours, qu'il suffit d'attendre en fumant tranquille sans allumer la lumière et laisser l'épaisseur de mon vécu lentement se tasser entre ces deux dates la même nuit qui s'avance, la tourmente pour un moment calmée, *kept at bay*, comme si mon être enfin attentif et réceptif à sa vision devenait cette côte de l'Oregon montant vers le nord, ma mort accueillant son amour toujours présent sous le clocher et le pin de l'éternité, l'arc allumant toutes ses étoiles dans la vallée de Noël paisible.

(Je n'avais plus écrit le mot *maman* depuis si longtemps que je n'arrivais plus à savoir s'il y avait un ou deux *m* au milieu, le confondant peut-être avec *mammelle*, qui n'en a qu'un de toute façon.)

La silhouette noire du pin dans la brume d'hiver,
La silhouette dorée du clocher dans la brume d'hiver,
Le reflet intermittent d'une guirlande décorant un sapin
Dans les fenêtres d'en face et la racine d'un arc-en-ciel lumineux
Qui s'essaye à naître au plus intérieur de soi ; l'attention

Tournée vers tout ce qui germe dans l'espoir que cela
Un jour éclora.

Je ne suis pas un guerrier.

Je ne suis qu'un singe cherchant à attraper une mouche. Une mouche à feu, une luciole. Et la machine à rêve semble cassée. Peut-être n'écrirai-je plus jamais. Peut-être ne lirai-je même plus jamais. Je vais bien mais je ne suis qu'un masque que l'on n'exhiberait pas, que l'on ne porterait pas, désinvesti, mais que l'on se passerait d'une manche à l'autre, sous le tablier. Trop. J'ai trop de rien à faire. Et seuls m'intéressent des bouts de bois et des bouts de pierres. Mais les pointes de flèches n'ont-elles pas toujours été au cœur de mon système ? Système que j'accomplis à ce jour dans le vide.

Je rentre. Tard. Après avoir pioché avec mon corps des centaines d'autres corps pendant ce qu'il me semble être des heures, des jours, des semaines, dans des salles, des tubes, des métros, des trains et sur des trottoirs de fortune. La patience à vif, à bout. La porte quand je l'ouvre résonne et bruit des gris-gris variés que j'y ai placés pour nous protéger de la houle externe des dangers, certains diurnes, d'autres nocturnes. Ma compagne s'avance souriante dans le couloir et essaye de me défiger les muscles du visage tendu comme un masque sur mes rumeurs. « J'esquisse un sourire », comme on dit, de retour, mais je sens bien que ce n'est qu'une déchirure au coin de la bouche-arc amère prête à claquer. Partout des cornes et des tranchants d'outils de pierre. Nous nous asseyons quand même pique-niquant au bord du lit pour regarder à la télévision les tours jumelles qui n'en finissent plus de s'effondrer dans notre potage (« Un peu plus de fromage râpé ? ») et l'Afghanistan qui s'effrite. Quel superbe feuilleton ! Et que ces hommes sont beaux ! Puis une gorgée de bordeaux réveille mes aigreurs d'estomac, mon dos douloureux se bloque et je fume en toussant une *krétek*, cigarette indonésienne au clou de girofle, qui m'envoie rouler, ramper devrais-je dire, sur les traces de Conrad à Kalimantan – la Bornéo que l'on déforeste à mort, les Dayaks qui se remettent à couper des têtes de colons, les orangs-outans solitaires qui s'éloignent dans la canopée – et encore plus tard, je m'endors recroquevillé en rêvant à des femmes qui pissent.

Un air de flûte sakuhachi pour saluer
Le ballet des avions au-dessus de
Londres au soleil couchant.

J'ai l'impression que quelque chose me manque sans que je sache quoi, et je tourne autour de sa découverte sans vraiment vouloir l'opérer, comme un corps devant lequel le chirurgien reculerait, peut-être par crainte de son immensité. Le « sans » domine. Alors je le compense en me jetant avec concentration dans cette distraction que l'on dit « pascalienne » : mes fabrications préhistoriques (qui demeurent une création à leur façon), les jeux d'ordinateurs (auxquels d'autres se sont laissés prendre), mes dépenses effrénées (dans la mesure de mes maigres moyens). Mais pourquoi je n'écris plus ? Parce que j'en ai maintenant la possibilité et que je n'écrivais que contre l'impossibilité d'écrire ? Non, c'est à la fois trop simple et trop sophistiqué comme raison. Parce que je suis heureux ? Allons donc ! Parce que l'énergie, le *drive* m'a quitté ? Mystère. Mais c'est précisément dans ce mystère que l'essentiel se joue ; et j'y flotte, fantomatique présence dans ce qui serait la vraie matière invisible.

A quoi ressemble la Fée des Dents ? C'est une petite elfe qui peut devenir très grande, aussi grande que moi, ou juste un peu plus. Elle peut être blonde ou brune suivant son humeur, obligatoirement mince puisqu'elle se nourrit essentiellement d'air, de vapeurs, de soupçons de sentiments, de pincées d'émotions attrapées au vol, du bout des doigts, et ses yeux jouent à la candeur sans qu'elle le soit, puisqu'elle est aussi un oiseau de proie. Elle s'immisce dans les maisons comme les chats, par la moindre fente, la moindre de ses fentes. Elle sait mais refuse le savoir, ce qui la rend purement intuitive et passablement perverse. Quand elle s'accroupit pour pisser, les lèvres verticales de son sexe épilé pendent un peu, mais ça, je ne le dirai pas aux enfants. Elle aime les humains comme on traverse des ponts, en variant et en y revenant, en regardant le fleuve et le paysage d'un air détaché. Elle est l'essence du féminin mais ce n'est pas une femme, et encore moins une mère. C'est une fille, comme si « être une fille » était un collier que l'on déposerait sur une onde, et l'onde prendrait forme – car seule la forme compte après tout, n'est-ce pas ? Elle n'a pas de baguette magique mais elle a des doigts effilés, un regard pénétrant. Elle fronce les sourcils et sa volonté est ferme, bien que capricieuse. Elle apprend à jouer du *sakuhachi*, la flûte japonaise en bambou, mais son instrument principal est le piano. Ce n'est pourtant pas un piano qui produit de la musique comme on l'entend. C'est un piano… magique, qui joue des morceaux d'enfance, comme ça. Des musiques qui ne sont pas des musiques tout en étant toujours des moments, et peut-être que des histoires s'y déroulent, que des destins furtifs s'y développent et s'y dénouent, à peine, tout juste captés sur les marges de l'environnement, sans rapport avec ce qui nous assaille… qui apportent des joies liées à des fatigues (la joie fatigue). Le plus douloureux, c'est quand le morceau s'arrête ; et il faudra bien que je parle de son clavier…

Mais c'est la soif ! Une soif d'agir que l'écriture n'abreuve plus alors même que je voudrais passer ma vie à écrire, à lire aussi subséquemment. Ce que je sais, je feins de l'ignorer. Dans quel leurre est-ce que je me faufile donc ? Et je m'y tiens comme un pêcheur blessé dans sa barque qui laisserait ses filets, éperviers, fouines et cormorans *iddle*, au repos, inusités, à les contempler sans vouloir s'en servir. Il y a d'autres fées dans l'eau si épaisse, des ondines plus mortelles, et le plaisir de l'oubli… Il vaut mieux que je me taille un arc à coups de hache dans un tronc de frêne à défaut d'if.

Comment en suis-je arrivé à vous parler de la Fée des Dents ? Eh bien voilà :

LE CHERCHEUR EN TANT QU'ÉPONGE EN FORME D'ENTONNOIR

(Où subjectivité et pensée figurative s'alitent)

Je cherche. Je cherche « je ». On me demandait l'autre jour de présenter la façon dont je percevais l'évolution de mes recherches, et la première chose que je réalisai fut que, profondément, je n'étais pas intéressé par des piles de papiers en provenance d'hommes morts – quel que soit le respect que je porte à ces papiers et à ces hommes, certains d'entre eux d'ailleurs encore vivants. Non, ce que je cherchais était d'abord et avant tout à porter une sorte de lumière théorique sur mes pratiques, et au-delà même de cela, à construire ce « je », mon propre produit futur, à en assurer le creusement, la canalisation, le chenal pour l'œuvre en cours. Or, tout ce à quoi j'aboutissais était à accumuler les métaphores externes d'expériences internes, étalant ainsi l'état de ma confusion. Mais cette confusion n'était-elle pas à prendre au sens étymologique de « fusion avec » ? Comme Matsuo Basho, c'était alors ma façon d'aller au bambou, ou comme d'autres aussi d'aller à l'abattoir.

Afin de tenter à mon tour de raccourcir l'irréductible distance entre sujet et objet, je me décidai, ou plutôt ce « je » se décida, à ouvrir un forum et à s'y accrocher du mieux possible, comme à une bouée en perspective de la noyade identitaire. Je me mis en attente des autres, de leurs eaux sales comme de leurs eaux propres, prêt à échanger jusqu'à nos entrailles.

Il y a quelques années, j'avais décidé d'écrire un texte autour de la notion de « communication », valeur à la mode de notre temps, d'écrire une allégorie de la communication, et je m'étais arrêté au concept figuratif de « pont ». Ce pont devait être le support, peut-être même le véhicule du message. Dans *L'Énergie spirituelle*, Bergson parle de ce pont comme du trait d'union d'une conscience jetée entre le passé et l'avenir. Dans l'*Encyclopaedia Britannicae,* on lit : « *without closing the way beneath* » (« sans clore le passage au-dessous »). J'avoue n'avoir jamais été très clair sur la nature de l'eau que ce pont était supposé enjamber. Je me mis cependant à rassembler des données et à rédiger mon « pont », organisant diverses rencontres. Les amoureux antiques s'y rendaient et s'y perdaient ; bacchanales feutrées et pleines de retenue sans suite. Styles, lieux et époques s'y télescopaient. Médecine épousait Archéologie. Un érotisme diffus se jouait entre Rome et Pérou. Sur ce pont, hélas, j'éprouvais le besoin de me situer et, à l'appel, ne pouvais me figurer autrement que scindé en deux objets fort concrets : une éponge et un entonnoir (« Qu'il faut une marée de concret, une nouvelle invasion de l'homme par les choses »).

Pourquoi deux ? Pourquoi diable étais-je deux ? (car c'était bien là le *diabolos* qui était maître du jeu). « Je » et « il » sur quelles berges opposées ? Était-ce là le signe du conflit entre le désir et son repoussoir ? Le fruit de ma pêche vénielle ? A moins que ce ne soit l'expression du bris de glace entre passé et futur, l'éponge accumulant et l'entonnoir expulsant. Mais je résolus d'y lire un hommage à mes maîtres, Francis Ponge et La Fontaine, car bien sûr entre le parti pris de l'un et les contes de l'autre, un lien, un filet de salive s'établissait. Il s'agissait de la bave du chant. Ainsi naquit *Le Pont, l'éponge et l'entonnoir*, longtemps en attente d'on ne savait trop quoi. Le flot libre insigne s'écoulait sous les arches sans que l'on y prêtât guère d'attention. Par-dessus circulaient les mots d'une rive à l'autre, et dans les deux sens. Certains s'asseyaient sur un banc et s'offraient au public. Puis vint la crue emportant tout, et seul le chant survécut pour un temps à la mort obscure du texte.

Je me lançai ensuite dans d'autres projets mais ces deux objets continuèrent à me hanter. Je m'y voyais reflété. J'achetai une éponge comme d'autres s'achètent une conduite ou un cerveau. Il existe dans le bétail en ce moment une maladie fort intéressante. Il s'agit de ce qu'on appelle en anglais B. S. A. : *Bovine Spongiform Ancephalopathy*, la « maladie de la vache folle ». Les vaches souffrent d'un virus contracté après avoir été nourries avec des protéines de mouton. Le virus attaque le cerveau et y creuse des trous, ce qui entraîne assez rapidement la folie, puis la mort de l'animal. A l'autopsie, on s'aperçoit que le cerveau atteint ressemble littéralement à une éponge, d'où le nom. L'homme porte bien entendu l'entière responsabilité de ce nouveau mal puisqu'il a en quelque sorte modifié la nature de ces malheureux herbivores en mangeurs de chair. Ce ne serait qu'un juste retour des choses que lui-même soit atteint par cette maladie.

Or, c'est effectivement ce qui se passe dans une tribu reculée et anthropophage de Nouvelle-Guinée. Souvent les guerriers deviennent fous après avoir mangé le cerveau de leurs ennemis affectés par un virus très similaire. Si l'on considère que la créativité est une sorte de folie, il serait plaisant d'imaginer le cerveau de l'artiste transformé en éponge. Qui plus est, les conditions d'existence de cette créativité seraient fondées sur l'ingestion du même : une autophagie. L'art pour se reproduire aurait besoin de s'entre-dévorer. L'artiste serait alors obligé de se consommer lui-même afin de créer (on connaît en français l'identité des verbes « consommer » et « consumer ») et les mots de la tribu pour se perpétuer se nourriraient de leurs propres membres.

L'éponge cornée-fibreuse que j'avais achetée, de l'espèce *Hippospongia equina*, vulgairement appelée « laine de Floride » provenait certainement du Golfe du Mexique, car elle était assez rêche, beaucoup moins douce et souple que celles récoltées par les pêcheurs grecs ou turcs en Méditerranée. Toutes noires mises à macérer dans des bassins remplis d'acide pour en éliminer les parties vitales, elles dégagent une odeur infecte. Je disposais déjà chez moi d'un entonnoir, mais il était en plastique et cela ne me satisfaisait pas. J'en voulais un en fer. Je perdis donc beaucoup de temps et d'énergie à en chercher un dans différentes quincailleries, mais tous ceux que je trouvais étaient toujours en plastique. Cela posait un certain nombre d'intéressantes questions : pourquoi cette absence d'entonnoirs en fer sur le marché ? Et pourquoi mon dégoût pour la matière plastique ? Pourquoi aussi préférais-je courir les rues plutôt que de me plonger dans la *Critique de la faculté de juger* qui était alors à mon programme de lecture ? Une fois ces questions posées, le mieux était certainement de ne pas y répondre, de les laisser choir là par calcul plus que par insouciance (très peu mon fait). Effectivement, laisser ces questions en suspens équivalait au début d'un processus de sélection, d'*entonnoirisation*, oserais-je dire.

Ce qui sortirait de l'issue étroite de l'entonnoir m'intéressait encore assez peu. Même si on l'entonne, le message n'est pas du domaine du prévisible. Il ne nous appartient d'ailleurs même pas de le connaître. Qu'importe de conclure ? Je me retrouvai donc à ma table de travail (cette table que l'on embrasse parce qu'elle est peut-être le vrai pont) avec devant moi posés une éponge et un entonnoir, à consulter de vieilles encyclopédies, lieux où la matière circule le plus à son aise. J'y découvris des choses étonnantes : j'appris par exemple que dans la Grèce antique, les mères donnaient à sucer un morceau d'éponge imprégné de miel à leurs enfants pour les calmer. J'appris aussi pourquoi ce fut une éponge imbibée de vinaigre que le légionnaire tendit au bout d'une pique au Christ mourant. Pour alléger leur paquetage, les soldats romains transportaient une éponge au lieu d'un gobelet d'étain. C'était en la pressant contre leur bouche qu'ils buvaient (mais d'après Montaigne et Sénèque, c'était pour se torcher le cul). L'eau coupée de vinaigre désaltère mieux. Jésus sur la croix se sentit abandonné du Père. Par deux fois il cria : *« Eli, Eli lema sabachtani ? »*.

L'éponge maternelle, elle, ne l'avait pas abandonné puisqu'elle se tenait là, à portée de ses lèvres, prête à étancher sa soif. Où l'on voit que la dernière des charités réside encore et toujours dans la matière. Quoi qu'il nous arrive, c'est elle qui s'y colle, et nous détache. Une bien étrange matière cependant, car non seulement un morceau d'éponge coupé du corps-mère peut croître et en former une nouvelle (que nos membres puissent se reproduire !), mais même les cellules séparées par broyage, en suspension dans l'eau après avoir été tamisées à travers une étoffe de soie, se rassemblent et reforment la congrégation.

Les experts ne sont d'ailleurs pas d'accord sur la nature individuelle des éponges. Les porifères, c'est-à-dire les « porteurs de pores » – et n'en sommes-nous pas tous, nous animaux nus ? – sont les plus simples créatures du sous-royaume des métazoaires. Leur corps consiste en un agrégat fort lâche de cellules autour d'un cadre de spicules ou de fibres siliceuses qui forment un squelette à la structure compliquée. La différenciation en tissus clairement définis, tels que musculaires, glandulaires, nerveux, etc., est à peine ébauchée. En conséquence, il n'y a que très peu de coordination entre les différentes parties du corps. La majorité des éponges sont de formes irrégulières, soit en branches, soit encroûtantes, fixées au fond sur des supports variés. Certaines présentent toutefois une symétrie particulière.

Le plus extraordinaire est qu'après plus d'un siècle de recherches, toutes ces facultés font que l'on ne sait toujours pas si l'on doit considérer l'éponge comme un seul et unique individu (moi) ou toute une colonie (nous). Est-ce l'étape évolutive intermédiaire entre subjectivité et objectivité ? Le problème est que je n'ai absolument aucune idée de ce que ce second mot veut dire. Et qui est venu en premier ? L'individu ? Ou la colonie ? Il est généralement admis que l'*osculum* et la partie attenante de son système de canalisation représentent un élément ou une « personne », et que plusieurs de ces éléments se combinent pour former une colonie d'individus croissant ensemble et accomplissant des fonctions communes. Il n'en demeure pas moins vrai que les frontières entre ces unités sont totalement indistinctes et que, somme toute, leur individualité est d'une fort vague nature.

Voyez-vous, mon espoir est que nous, la communauté confondue des auteurs et des lecteurs, formions à l'issue de ce texte une vaste éponge, d'une nature pour un temps simplement un peu moins vague, l'éphémère lieu de nombreuses et divines *conversazione.* Des éponges, j'en ai choisi trois pour illustrer mon propos. Toutes les trois proviennent des grands fonds, comme si la vérité vue ne pouvait résider autre part que dans d'obscurs abysses :

L'éponge réticulée, du genre *Hircinia*, est celle qui revêt le plus visiblement la forme d'un entonnoir quelque peu fondu. Mais elle peut aussi rappeler certains champignons, une morille par exemple, ou encore par ses circonvolutions un cerveau endommagé.

L'*Hyalonema* a l'aspect d'une coupe ou d'un nid d'oiseau retenu par une longue tige cylindrique tordue comme la mèche d'un fouet. Là encore, le cerveau en tant que nid d'idées au sommet de sa corde rachidienne peut être évoqué. Mais quel est le monstre marin qui les couve, ces œufs fossiles ? Car on ne saurait parler ici d'oiseau.

L'*Euplectella marshalli* est de loin ma favorite, non pas, comme certains l'ont laissé entendre, pour sa forme phallique – car s'il fallait à tout prix voir une analogie entre l'euplectelle arrosoir et le pénis, ce serait dans la structure interne du second qui n'est après tout, il ne faut pas l'oublier, qu'un corps spongieux, plutôt que dans son apparence extérieure, superficielle. Mais c'est pour son autre nom de « corbeille de Vénus », la *Cornucopia*, la corne d'abondance qui non seulement engrange et couve les fruits, mais les déverse une fois mûrs. Nous lui devons tout. Nous sommes à la fois ses débiteurs et ses produits. Et peut-être réalise-t-elle pour nous le vieux mythe de l'androgyne, la complétude de la matrice et du phallus enfin réunis.

Je pouvais en venir ensuite à décrire l'évolution de mes propres études, et cette fois un autre type de figure s'offrait à moi. On aura compris que mon intention était résolument matérialiste, et qu'à partir de ce mot, « matière », toute une série de concepts en voie de concrétisation allait s'évaser. Au départ, après bien d'autres et des célèbres, je supposai que la matière était tout ce qui résiste, ce contre quoi je me cognais, et c'était ce cognement qui en fournissait la définition. Même en toute fluidité psychologique, la matière est dure tandis que le « je » endure. Il n'est pas question d'énergies ici. L'objectivité ne serait plus alors qu'un durcissement de l'interne frotté, un cal mental. Mais en toute bonne conscience, comment définir l'intérieur et l'extérieur du poreux ? Après tout ça, on aura également du mal à croire que je n'aie aucune confiance dans l'analogie universelle. C'est pourtant vrai, je n'y crois pas. Même si dès que j'essaye de raisonner un tant soit peu sur mon cas, l'éponge et l'entonnoir repointent leur nez et ricanent stupidement.

En me cognant, ça résonne. Ça bat même la mesure, ça donne le rythme. Le pont n'établit maintenant plus aucun lien entre deux rives car le fleuve s'est élargi aux dimensions d'un estuaire, et c'est sur une galère que je me retrouve à ramer contre la dérive. Je lutte, je lutte, mais le courant m'emporte comme un vulgaire alluvion. A « matière » très vite s'aboucha « poésie », et c'est particulièrement en cela que réside mon intérêt pour la poésie anglaise qui est toujours plus concrète, plus « chosiste », en prise directe avec les réalités du monde, que la poésie française beaucoup plus abstraite, technicienne, même lorsqu'elle s'efforce. Puis je m'aperçus que c'était encore dans le regard porté sur les animaux davantage que celui sur les objets que l'on pouvait discerner une lueur de parole vive, animée, en provenance de cette masse qui nous forme mais que nous, humains, cherchons sans cesse à occulter en raison de ce que Montaigne qualifie d'indécrottables présomption et vanité.

Voilà pourquoi je décidai dans un premier temps d'examiner abeilles, hérons, phoques et chevaux chez des auteurs aussi variés que Virgile, Ronsard, La Fontaine, Voltaire, Byron, Hugo, Sartre, etc. Bref, une dispersion. Rien ne pouvait satisfaire ma boulimie expansionniste. J'avais bien les yeux plus gros que le ventre, puisque c'était en vue de les faire éclater. N'est-ce pas un aveuglement que celui qui consiste à s'aveugler ? Le voyeur ne peut jamais assez embrasser. Il rêve de tentacules qui sortiraient de ses orbites, transformant ses globes oculaires en hydre d'eau douce. Il vise à l'annihilation de tout ce qui est autre que vu, mais l'obscurité heureusement s'installe à l'instant où il était sur le point de réussir. Il n'agrippe plus que des phosphènes. Prévenu de cet échec inéluctable par le raisonnement et de justes conseils, je résolus de faire demi-tour, de me contracter et me concentrer sur un seul animal, le cheval, comme métaphore de l'inspiration poétique. Après la diastole, la systole. J'entamai un nouveau processus d'entonnoirisation.

Je me retrouvai aussi à dessiner le diagramme d'une série de pyramides opposées les unes aux autres, alternativement par la base et le sommet, avec pour principe que l'ouverture des angles étant constante, plus la base était large et plus le sommet se trouvait élevé, flottant dans les brumes d'un tout intellectuel intérêt. Je pouvais ainsi donner presque instantanément à qui me le demandait un plan-coupe de l'état de mes recherches, tout en retardant *ad infinitum* la décision d'une conclusion même provisoire. J'avais de bons prétextes dans la succession des contradictions et dilatations. Mais n'allais-je pourtant pas à un moment ou à un autre perdre mes eaux ? Inutile de dire que ce diagramme auquel j'aboutissais formait la structure symétrique d'une éponge abyssale en un empilement instable et flottant d'entonnoirs inversés. Je n'en suis pas encore sorti d'ailleurs, et la partie la plus profonde demeure à réaliser.

Une colonne centrale et creuse les relie, celle de mon nom poreux qui en s'enfonçant toujours plus se dilue dans d'autres noms d'intervenants extérieurs plus ou moins aléatoires. Au début, je savais à peu près qui j'étais. Bientôt, je finirais par ne plus en avoir la moindre idée. Si nous considérons également que la poursuite de cette recherche se fait par la base, en direction du support, tandis que celle des éponges normales se fait en direction du sommet, alors nous aboutissons à un paradoxe que j'appellerais « de croissance » : le nom se retrouve la tête en bas et le futur du chercheur réside dans l'enracinement de son éponge. Pour élargir une base, ou peut-être former tout un triangle et ainsi franchir d'un seul coup un palier de plongée, sans trop me soucier des risques de surpression j'aspirai ensuite trois autres auteurs qui formaient à quelque distance de là leurs impures colonies.

Francis Ponge était de toute évidence le premier indiqué pour m'apporter quelque lumière sur les problèmes que je me posais. Dans sa *Serviette*, ne détenait-il pas la clef de l'une des portes que j'essayais d'ouvrir ? Avec son *Orange*, ne s'était-il pas lui-même soumis à « l'épreuve de l'expression » ? Car il faut parfois presser ferme, avaler les pépins, jeter l'écorce, supporter beaucoup pour n'aboutir qu'à bien peu :

> Faut-il prendre parti entre ces deux manières de mal supporter l'oppression ? – l'éponge n'est que muscle et se remplit de vent, d'eau propre ou d'eau sale selon : cette gymnastique est ignoble.

Il est certain que pour moi, si le cerveau fonctionne comme une éponge, j'ai toujours aussi voulu le voir comme un muscle : plus on l'exerce, plus il va vite. Avec un bon entraînement, c'est le meilleur des chevaux de course. On peut cependant craindre que cela ne l'engage dans certains concours de métaphores incohérentes. C'est à ce moment-là que l'affaire tourne à une ignoble compétition. Il est également remarquable que dans ce poème de l'*Orange*, Ponge situe l'étape de l'absorption (qu'il appelle « l'aspiration » tandis que d'autres pourraient la qualifier d'« inspiration », par la plus caractéristique des confusions) après l'épreuve de l'expression, en un second temps, comme une reprise de contenance. Peut-être s'agit-il à nouveau là du paradoxe de croissance. Mais cela n'a guère plus d'importance que la question de l'œuf et de la poule, ou du mental et du cérébral, puisqu'il s'agit d'une infinie succession au départ de laquelle jamais personne n'a pu assister (naissance ou séparation ?). Le principal résultat est que tout cela représente un sacré merdier, vu qu'il est fort rare que les eaux soient propres.

Ponge a donc tout à fait raison de trouver cette gymnastique ignoble. C'est précisément dans la nature de l'éponge, comme dans celle des moules, que de les nettoyer en les filtrant, ces eaux. C'est même de cette façon qu'elle se nourrit, en retenant tous les détritus qui passent à sa portée dans le courant. D'où certains dangers à la consommer. Pourtant, comme pour nous, trop de pureté l'affamerait et éventuellement la tuerait. C'est bien pour cela que nous ne devons pas être effrayés par le chaos, le gâchis et les pollutions qui surviennent. Ce sont des chances qui s'offrent à nous d'exercer notre vocation d'éboueurs, de fossoyeurs de la langue, des créatures et des lieux. L'infamie compose notre diète tandis que d'autres se nourrissent de vents. Et il faut faire confiance à ce que Plutarque appelle *hygra physis* : le pouvoir créateur de la nature liquide, dans laquelle nous baignons, dans laquelle nous nous vautrons, non sans un certain sentiment de culpabilité. Nous avons tort. Encore ce paradoxe, le paradoxe de la croissance des mondes : ainsi filtrés, nos produits et nos déchets sont plus purs que ce que nous avions précédemment ingéré, ou lu. C'est de l'eau propre que nous rejetons. C'est de la pureté que nous excrétons. N'en déplaise à Ponge, la pompe à matières est aussi divine.

Lorsque l'on voit la divinité dans la matière brute, dépouillée de toute raison, et le sacré dans ce contact direct avec les choses que d'aucuns appellent « présence », ce n'est pas un choix, c'est une imposition des mains du monde sur notre nuque. Et voilà que Ponge ajoute dans sa *Tentative orale* :

> De toute façon, je ne crois pas qu'il faille pousser trop loin les métaphores. Elles ont ceci de dangereux qu'on peut les tirer dans tous les sens.

Il est tout à fait exact qu'il existe un danger dans les métaphores, et qu'elles donnent le vertige.

Mais est-ce nous qui les poussons ou elles qui nous poussent ? Qui tire vraiment dans tous les sens ? Ce sont elles qui tirent en permanence, ouvrent le feu et le gardent ouvert. C'est pour cela que ce ne sont pas des symboles. Elles nous écartèlent, nous écorchent pour former le tissu du sens du monde avec notre peau, nos formes sans rien dessous. Métaphores de métaphores de métaphores qui abattent le jour : c'est Ehecatl, le dieu mexicain du vent recouvert de la peau écaillée du sacrifié, c'est Protée qui se déchaîne en pétrissant les troupeaux d'écume. Nous avons raison de les craindre car elles nous disent où nous sommes, c'est-à-dire partout, mais d'abord dans nos langues percées, comme des chaises.

Alors, même si personne ne peut « enlever la peau des choses », nous pouvons tous être écartelés et c'est ce qui nous sauve. Sur ce, voilà Derrida qui signe un texte intitulé *Signéponge*. Quoi que l'on puisse penser de cette nourriture des vents et de cet apôtre de la dissolution, il faut le remercier au moins en ceci :

> Donc il faut bien signer mais c'est aussi bien de ne pas signer, d'écrire des choses dignes de se passer de votre signature.

Effectivement, l'éponge essuyant sur la table mon nom propre avec d'autres saletés en fait un nom commun. « Je » s'est dissout, mais c'était en peignant à l'éponge. C'est par un processus métaphorique que j'ai pu atteindre à cette dilution à laquelle j'aspirais. Peinture à l'eau. Mon caractère aquarelle s'étale sous l'impression souillée de vos lectures tachistes. Un monde pluriel où l'on ne sait plus si l'on parle du nom ou de la chose, de l'émetteur ou du récepteur. Quelle chance a la langue française de disposer de cette ambiguïté dans le « de » ! On ne sait jamais s'il s'agit du *about*, « au sujet de », ou du *from*, « en provenance de ». Je parle de l'objet, allez savoir ?

Tout cela ne nous entraîne-t-il pas vers un nouveau nominalisme, non positiviste celui-là, et la manière de bien saigner ? L'abstraction morale perd ses mots comme par une phlébotomie opérée avec art. Pour les nominalistes, tout se sépare et l'hétérogénéité du nom à l'être demeure. Ainsi, on rejette également l'idéalisme qui nous fait dire. Comment alors ne pas réduire les collectivités à de purs agrégats, à de simples sommes d'individus ? Comment alors voir l'éponge ainsi coincée entre son nom et sa colonie de cellules, et comment nous voir nous, singes communicants ? L'éponge dont « je » parle, c'est le « je » lui-même qui se dévore dans le désespoir de ne pas se trouver. Les « être comme », « être semblable à » sont des grappins qu'on lance d'une galère à l'autre dans les pirateries de la raison. Notre seule issue est de sauter de la première à la seconde, puis de revenir sur la première notre forfait accompli. Galère du réalisme, galère de l'idéalisme. Pourquoi serait-ce une punition que de se pendre aux vergues et d'osciller dans le vent ? Qu'est-ce qui nous empêche de nous remplir les poches sans autre logique avec nous-mêmes qu'une vague cohérence figurée ?

Bergson, mon troisième homme, pour parachever ce cocktail indigeste, semble vouloir nous libérer d'une illusion que nous avions sans vergogne choisie. Dans son avant-dernier chapitre de *L'Énergie spirituelle* sur « L'effort intellectuel », il décrit comment à ses yeux s'exerce « cette matérialisation croissante de l'immatériel qui est caractéristique de l'activité vitale. » Il se réfère au jeune alors Paulhan pour qui l'invention littéraire et poétique va « de l'abstrait au concret ». Selon Bergson, les actes de rappel et de créativité intellectuelle seraient une « descente du schéma vers l'image ». A la suite de Cabanis, j'aurais bien envie de partir du point de vue exactement opposé, de la matière convertie en conscience, mais cela importe peu. Dans un sens comme dans l'autre, l'essentiel est que cela aille, que cela circule. Le fait est que Bergson distingue deux éléments à l'œuvre et qui se complètent : le schéma, processus abstrait dynamique *a priori*, et la reviviscence sélective d'un stock d'images indéterminées. Par un raccourci certes condamnable, j'y trouve la double justification de mon éponge et de mon entonnoir, de mes états alternés de dispersion et de concentration, de figuré et de propre. Mes cellules et leurs noyaux, baignant autant dans les lymphes (liquide interstitiel du système lacunaire !) que dans leur cytoplasme, sont en attente d'actes et de gestes. Ces actes et gestes accumulés en chanteront la Geste…

Geste d'une mémoire aux prises avec son insertion dans le corps du monde, geste d'une représentation intermédiaire provisoire entre la perception et le perçu dans l'illusion de leur dualité. Qui vous a dit que je ne croyais pas à l'analogie universelle ? Aspirons ! Inspirons ce qui nous occupe. Je fournis les pailles et les chalumeaux, vous apportez les glaçons. Où se trouve l'être ? Dans l'entre. C'est une frontière que l'on perce à coups de dague, la peau d'un tambour crevée à force d'avoir frappé dessus. Une viande soumise à l'attendrisseur. Du veau ou du chien. De l'homme dévoré sous la griffe. Il croyait que Dieu était un chat, s'en est allé offrir des poulets aux lions du zoo. L'hypostase est une accumulation du sang dans certaines parties du poumon. Le cerveau brasse de l'eau comme les poumons de l'air. Les plèvres sont d'anciennes vessies natatoires. Mes yeux, des branchies.

Après tout ça, vous vous doutez bien que je ne vais pas conclure, seulement me diluer dans des images comme une goutte de lait dans un café noir au petit matin des fosses subaquatiques, Mariannes ou Tonga. Gisants en ces fonds d'aisance, goules presque lumineuses dans l'obscurité, vous m'absorberez et nous formerons ensemble d'évanescents édifices. Lyrisme fortuit. Antanaclase et Ponge à nouveau :

> On ne peut trop tirer de conclusions quand on fait revenir la réalité.

La faire revenir à petit feu dans la marmite des Titans. Nous aurons à reparler un jour ou l'autre du dualisme. Pour l'instant, passons à table et mangeons-nous, c'est-à-dire replions notre peau sur elle-même jusqu'à en faire une pelote fractale nageant au sein du bouillon universel, plancton d'éponge flottant, pélage, à la recherche d'une base au sommet.

SUD CHORUS

Nous vivons tous le rêve de nos illusions,
Mais une fois arrivés à la source, on se tait.

South London
South Wales
South Kensington
Southern Italy
South of France
South Pacific

Prologue

Dans le désordre, les voix résonnent, et ce n'est pas à moi, qui ne suis que la caisse, de les placer en harmonie. La géographie des centres et des pôles s'emmêche au-delà de nos conventions. Nos sentiments seuls en constatent après coup le dessin. J'habite dans les collines du sud de Londres, tout près de la maison du capitaine Shackleton, l'explorateur des glaces, le découvreur du pôle Sud. Nous ne pouvons certainement pas inventer ce qui existe déjà, ce qui demeure à l'état brut sous notre savoir et notre conscience, sans remède. A peine pouvons-nous le nommer, et encore devons-nous prendre la mesure de l'ampleur de cet « à peine ».

Pourtant, nous ne faisons que cela, déterrer l'abîme dans toute sa chaleur au plus froid : écrire, réaction exothermique ; ne pas écrire, réaction endothermique. Ce qui est chaud au-dehors est froid au-dedans, et vice-versa. Voler au sud, voter au sud, c'est se lancer pour franchir un espace sans jamais atteindre l'autre versant, et demeurer dans le chiasme, tendu à vide. J'habite donc dans les collines du sud de Londres, où se situe la maison du capitaine Shackleton, l'explorateur inventeur de l'Antarctique, celui qui a levé le voile de neige là où les manchots impériaux mâles se désespèrent.

A South Kensington se trouve le *Natural History Museum*. L'animal condamné par nos propres péchés survit au sud de l'homme, l'insecte à l'extrême sud. La preuve : la plupart du temps, de par notre position verticale, nous devons nous pencher vers eux. Il y a bien sûr des exceptions notoires. Par exemple l'homme couché de tout son long entre les pattes du lion qui est en train de lui dévorer la tête. Nous voyons ses crocs lui ronger les os du crâne (il croyait que Dieu était un chat, avait sauté dans l'enclos aux fauves armé de deux poulets en offrande pour l'adorer).

Autre exemple, l'homme aux prises avec un ours géant kodiak et qui essaie de le repousser de toutes ses forces tandis que les griffes de la bête s'enfoncent dans ses épaules (c'était un cascadeur – l'ours probablement femelle – et tout ce qu'il arrivait à faire était d'écouler son âme loin de son corps).

La flèche de l'arc de l'âme se dirige toujours vers le sud, par la tension du désir qui la dirige. Pourtant, je n'ai jamais compris comment le sud pouvait me pousser vers le nord.

Au sud d'Horus, c'est aussi l'Égypte, de par son antiquité multimillénaire, et le faucon y survole les déserts à la recherche des morceaux de son père. On aurait envie de lui dire :

— Ne t'aiguise donc pas tant le bec et les serres. Tu ne feras que dépecer une fois de plus ta prise.

Mais, sous l'ardeur de son regard pour toute réponse, nous nous affaissons au pied des grands blocs, les Pyramides de l'Œil, et nous nous protégeons du front contre le marbre (quel dommage que les rapaces ne sachent pas reconstituer eux-mêmes leurs proies, que ce soit à nous d'analyser le contenu des pelotes de déjection, de rassembler les morceaux épars et de ramener à la vie Osiris germinant par ces mots).

Le Sud se situe à la verticale, en bas, au fond du cratère creux du volcan. Comme mon ami s'en souviendrait pour le restant de ses jours, en plein milieu des cérémonies et les interrompant, Agung s'agita, la terre trembla et une fumée noire bouillit hors du cratère. Les cendres volcaniques se mirent à pleuvoir sur les adorateurs de ce feu-là, et de petits courants de lave livide commencèrent à se dérouler le long de la montagne, comme serpents s'éveillant par poignées au printemps. Vrai de vrai, les dieux de la sainte triade, Brahma, Vishnu et Shiva avaient enfin décidé de se manifester.

Le prêtre interrogea les pèlerins :

— Avez-vous peur ?

— Non, nous n'avons pas peur, répondit la foule d'une seule voix puissante.

Alors les cérémonies reprirent tandis que le volcan semblait se calmer.

Comment vivre ? En prenant le temps par les aisselles, en se regardant le vide du plexus solaire et en sombrant, au centre.

Le pays où je suis né n'existe plus que la nuit, dans l'unique mesure où il maintient dans mes rêves l'illusion d'un paradis. Car le rêve seul a le pouvoir de suspendre un moment cette giration obstinée du monde insensible. Cette Provence devient alors la province de l'esprit, lieu où l'esprit souffle en déshérence tout autour du centre, et c'est ce qui le soulève. Le Sud n'attire que ce qui s'élève, car précisément la découverte du bas y est une flamme, celle du Midi (c'était juste pour te prouver que je m'étais remis en marche – ordre de route sur la Via Appia Antica, 380 miles de Rome à Brindisi, avec un détour par Naples la parthénopéenne qui fut à vrai dire un retour. Or je me retrouvais à arpenter en tous sens cette route de montagne sèche dominant la mer tyrrhénienne dans ma petite Ford Fiesta blanche tandis que de chaque côté les six mille esclaves révoltés de Spartacus achevaient de pourrir crucifiés. M'en venaient des bouffées par la vitre baissée et je pensais à toi, tout là-haut au nord, qui avait fini depuis longtemps de pourrir). Le Sud, c'est aussi le lieu de ma famille, c'est-à-dire de tout ce qui tisse et entretisse la surface de ma peau, la place d'une membrane poreuse articulant le passé au futur, mais certainement pas au présent, puisque celui-là n'a nul lieu d'être. Ma famille, comme un tissu en constante recomposition, étale ses *limes* variables, frontières indécises.

Pays de Galles

Cette Pâques-là, j'étais parti quelques jours dans le Pembrokeshire, au sud-ouest du pays de Galles, tout au bout à la pointe où des phoques gris s'étalaient comme des limaces sur les rochers en bas des falaises. Les macareux moines, *Fratercula artica*, petits clowns tristes toujours apologétiques mais curieux, les interpellaient de leurs balcons. J'aurais bien voulu avoir moi aussi la bouche pleine d'anchois devant mon terrier. Je n'arrivais pas plus à trouver ces limaces bleues qui aident à voler dont parle Boris Vian dans son *Herbe rouge* (« Elle se lamente, mon seigneur… Son mari s'en va ce matin regarder les oiseaux. »).

Je traversai à pied Skommer, l'Ile des Oiseaux, un paysage préhistorique où les hiboux chassent même de jour, voulant par là nous prouver que nous nous égarons quotidiennement dans la nuit vermeille de nos sanglantes croyances. Pénétré comme nous le sommes tous par leurs globules-faucilles, un homme debout appuyé contre une barrière en plein champ écoutait un petit poste de radio archaïque :

— Quelles sont les nouvelles ?

— Oh ! peu de choses, sinon qu'au cœur des ténèbres, certains ont recommencé à s'entre-bouffer.

— Vous m'en direz tant. L'agneau, c'est meilleur. Allez, à la revoyure.

Un autre individu essayait un arc sur une plage déserte. L'estuaire est large à marée basse. Il avait travaillé longtemps pour tailler et polir cette branche de noisetier. Les flèches aussi, il les avait faites lui-même avec des pointes de silex malhabilement taillées et des pointes d'os fossiles limés qu'il avait trouvés dans le fleuve. Mais le baliveau était déjà trop sec et, dès la deuxième flèche, l'arc cassa, le blessant au visage. Le sang coule de sa pommette qu'il a rarement vue ainsi. Un petit troll barbu, un petit lutin au bonnet vert passe, pouffant de rire. Il y a une logique dans la falaise remplie d'oiseaux de mer qui regardent ces humains égarés, une logique sudiste qui ne nous est en rien utile pour mieux vivre. La conscience surgit vaguement au large, à la surface de la mer houleuse, telle la forme noire du mammifère marin (marsouin ou grand dauphin, je n'en suis pas sûr à cause de la distance) pour replonger dans les profondeurs une fois sa goulée d'air absorbée. L'être est écrasé mais non étouffé par la masse marine tandis qu'au centre des terres explosent des déflagrations fulgurantes provoquant d'immenses vagues de boue emportant tout autour de nous mais dont seul le souffle nous atteint et dont nous tâchons de protéger nos enfants, cela afin qu'ils survivent et perpétuent le désir une fois qu'il nous aura quittés (les pèlerins eux continuent à prier. Lors nous cherchons à combler notre enveloppe vide comme sur la plage la mer amasse son sable).

Car le désir se quitte effectivement d'un coup d'aile sans effort ni colère, sur les thermos, courants ascendants, la tragédie étant souvent fort brève, se déroulant en quelques fractions de secondes, comme un arc trop tendu se brisant d'un coup sec vous éclate au visage.

C'est ainsi que vous pourriez tout soudain quitter le Sud.

Des anges, il faut manger le cœur et laisser les ailes. Ici, tous les esprits sont des esprits aquatiques, et les humains des quasi-batraciens. Il y avait trop de vent pour faire le tour de l'île de Ramsay, mais je ne manquai pas les *White Sands* et la visite rituelle au dolmen de la falaise. Libations. Je fus heureux d'offrir un peu de vin, un bordeaux « Cheval Quancard » pour être précis, aux esprits du lieu souterrain de Tolkien qui se pressaient en foule, je le sentais, juste sous la surface de la croûte terrestre. Des poneys chevelus semi-sauvages broutaient les landes désolées battues par les vents et des vagues-volcans. J'imaginai le village des chasseurs de phoques néolithiques tandis que les glaciers régnaient encore sur les hauteurs du Snowdon. Il faut de temps en temps honorer les esprits de quelques gouttes d'alcool, d'un biscuit salé, et s'enfoncer dans la superstition de la lettre pour les satisfaire et les empêcher de se venger sur nous de leur insatisfaction permanente. Car quelle n'est pas la tristesse d'une vie purement mentale !

Je continuai sur Cardigan, mignon et minable, achetai un arc, le deuxième, jaune, et quelques flèches, poursuivis mon voyage vers Aberystwyth, toujours plus au nord de Llanstefan et de la tombe humide de Dylan Thomas (la croix rouillée plantée sur son ventre), puis sur Borth et les dunes d'Ynyslas où je tirai de nombreuses flèches sur des tas d'algues, gravissant ensuite des collines spongieuses, à la fois veloutées et râpeuses, aux indicibles tons gris-noir, jaunes, vert tendre et pourpres, violacés.

Arrivé à Blaenau Ffestiniog, dans un cirque de commencement ou de fin de monde, tout autant archaïque que postindustriel, de montagnes antédiluviennes et de carrières d'ardoise victoriennes (mais jusqu'où ne sont-ils pas montés ?), en me garant dans une ruelle pentue, je tombai totalement par hasard, alors que j'avais souvent pensé à lui les jours précédents, sur la maison de John Cooper Powys. Il y avait passé les neuf dernières années de sa vie et, par-derrière, une cascade miniature chantait encore la mémoire du poète. Peut-être faudrait-il que je relise son *Apologie des Sens* – un écrivain sudiste – mais la littérature me ruine. *« You can keep your finger inside me* » (« Tu peux garder ton doigt en moi »), me dit l'abeille au dard inverti. La dernière fois que je vis le volcan, c'était de l'autre côté de la baie. Il avait perdu sa base. Il flottait. Ce devait être de jouissance.

Londres, Natural History Museum

Je cherche le Sud, un point qui ne rime à rien entre nous sur ce globe. Alors autant le fabriquer à partir de déchets de mots.

Mais pourquoi donc cet homme s'évertue-t-il à taper à coups de marteau sur des morceaux de pierres, nodules de silex dans leur robe de craie ? Que cherche-t-il au plus dur de la matière ? A se mettre les doigts en sang ? (Sa peau se taillade d'infimes coupures qui laissent ses mains, les muscles de ses doigts respirer comme par des ouïes miniatures. Elles évoluent, devenir truites indépendantes de poussières et d'éclats ; jusqu'à ce qu'elles s'en aillent, s'éloignent, les mines de ses mains, plus au sud, au fil de ses enchaînements d'idées, loin de sa pensée, de son esprit engoncé dans le vouloir dire).

Il rêve d'arcs immenses et noueux qui valent cher, d'arcs japonais à courbure dissymétrique qu'il ne peut se payer puisqu'il est au chômage, et de flèches à bout rond pour descendre les oiseaux de leur vol trop haut, aux plumes trop enviables, la forme même du désir sur les chapeaux des Coréennes trop belles au champ de course. Alors il se taille des pointes de flèche qui ne peuvent percer que la substance de ses rêves, de Camargue et de calanques, de taureaux embrochés sur les antennes des voiles latines, à peine au large mais déjà inaccessibles. Il brise l'Aphrodisia de l'os et du silex perdue pour sa gangue éclatée jonchant le sol ; survivre le dernier, encore et toujours le dernier.

C'est ce qui lui résiste qui le maintient ; l'effort constant et persistant du contrôle, la résistance à l'Aurignacien, les peintures ocres et noires sur la dure plaque de la voûte, de la grotte et de la falaise, car survivre proclame le Sud au centre du cercle parcouru par tant d'Ulysses (et même les Inuits vivent au sud lorsqu'ils plongent jusqu'à la hampe leur harpon dans la chair d'un phoque sur la banquise, dans l'essoufflement de son âme mammifère marin dont nous sommes le ventre). La pie allume les idées transcendantes dans le crâne de Kant (*Impressions d'Afrique*) et les librations, oscillations périodiques de la lune décrites par Tycho Brahe, Sud profond, auxquelles il suffirait peut être de se laisser aller dans…

A South Kensington, outre l'ex-palais de Lady Diana, se trouve donc le *Natural History Museum* qui abrite la plus vaste collection de scarabées du monde, 400 000 spécimens dont beaucoup à peine répertoriés, et pour ainsi dire jamais décrits ; le Saint des Saints des coléoptères, le maximum de données recueillies pour toute la planète. Grâce à la gentillesse du chef de département, Paul Hammond, ex-garde rouge de 1964 à 1966, à la si étrange et attachante personnalité, je pus visiter l'étage qui leur est réservé (le troisième si mes souvenirs sont exacts, mais les lépidoptères en occupent deux à cause de leurs ailes qui prennent plus de place). Grâce à Paul, je pus voir les carabes capturés par la propre main de Darwin au Chili, lors de son voyage sur le Beagle. Des pattes leur manquent, mais les étiquettes sont écrites de la main même du maître. Où est cette main ? Quelle est cette main ? Cette main existe *hic et nunc*, mais qu'est-ce que je veux dire par là ? La main de Darwin posée sur ce carabe irisé existe ici et maintenant car je suis la main posée sur ce carabe de Darwin au plus creux de ma confusion. Quelle est cette main qui tient l'aiguille ? Et pourquoi vouloir à tout prix nommer cette main ?

Norman E. Riley, *History of the Department of Entomology*, 1964.

Dans cette mesure qui tour à tour m'éloigne et me rapproche de ma propre main, les coléoptères par leur diversité et leur capacité d'adaptation sont les véritables rois des insectes. Les papillons ne sont que beaux, les insectes sociaux sont moraux, eux sont sublimes, conjuguant en nous peur et admiration, tel l'émoi du jeune adolescent pour la première fois confronté à la culotte noire satinée d'une fille hermétiquement close (rien à voir avec la blanche froissée en partie déchirée comme la corolle d'un œillet de Ponge, cachant à peine les muqueuses fleuries d'huître). Tandis que j'admire, d'autres coléoptères microscopiques rongent leurs congénères secs préservés dans les boîtes sans que le personnel du département puisse arriver à définitivement s'en débarrasser, mettant ainsi en péril les inestimables collections.

Une mouche, diptère incongru ici, s'envole de derrière les compartiments tandis que Paul me montre un exemplaire unique.

Minuscule cafard noirâtre, il a été capturé en 1874 dans les forêts de Sumatra, et, depuis cette date, on n'en a jamais retrouvé un second. Autant dire que des générations d'entomologistes s'y sont cassé le nez, crevé les yeux, bousillé la santé, bref en sont morts dans cette recherche sur l'île. Il faudrait certainement se pencher sur cette tendance historique des insectes à coloniser les îles, le plus souvent d'ailleurs du sud vers le nord, insectes migrant à la conquête de la raison.

Siberia W9.2
Sibinia P67 W9.2
Sibotes V3.4 - 12
Sibuyanella M1 - 289
Sibylla V1.2 - 78
Sicharbas U.32 - 175

La vaste majorité d'entre eux arrivent maintenant par avion.

Les coléoptères sont de loin les insectes les plus diversifiés car ce sont des endomorphes, c'est-à-dire que leurs métamorphoses sont les plus développées, ce qui leur permet d'exploiter des milieux très différents. Comme par ailleurs leurs ailes sont protégées par un étui corné, ils peuvent à la fois voler et s'enfoncer dans des environnements hostiles au vol, tels que bois pourri, terre, milieux humides, voire même aquatiques, etc. (a-t-on retrouvé un scarabée enfermé dans un nodule de jade de la Chine ancienne, ou le nodule de jade prétendait-il être un scarabée ?). Ils ont ainsi pu, au cours de l'évolution, pénétrer des régions extraordinairement variées du globe et aboutir à l'adéquation optimale entre leur taille et la résistance de leur squelette externe. On ne peut guère faire mieux sur ce plan que le Goliath d'Afrique occidentale.

Changes in the British Coleopterous Fauna, by Paul Hammond, in *The changing Flora and Fauna of Britain*, ed. by D.L. Hawksworth, *published for the Systematics Association by Academic Press*. Également à lire : Laurence Mound, *Insects as Food*.

Chasser les insectes à travers les hommes ou chasser les hommes à travers les insectes ? Dans tous les cas, c'est vers le Sud que nous rabattons ces deux espèces. Chasser les femmes aussi, car leurs seins ont la fermeté et la blancheur beigeâtre des larves de coléoptères et leur visage transporte l'odeur de leur sexe sur les atomes de l'air. Tais-toi donc ! Les insectes parlent pour toi ! (de leurs vrombissements intermittents). *Food for thoughts* : de la nourriture pour les affamés de la pensée comme du corps. Les locustes grillées des Maghrébins et la carcasse pourrie de Descartes soumises à la même étendue du désir qui va et vient entre mot et corps, entre épingle et élytre percée. L'étendue : *Descartes' rotting corpse*. De nouveau également la main de Darwin qui cette fois n'est plus là, mais me revient comme un écho ou un relent et persiste à s'agripper à ma mémoire.

De la même manière que certains lasers emprisonnent des atomes dans un creux de lumière, moi aussi, *siberia, sibinia, sibotes, sibuyanella, sibylla, sicharbas*, j'emprisonne cette main par ces mots :

Dans l'abondance en fantaisie, imagination
De mon âme qui fut un jour si riche
Crésus en création, je plongeai profond
Mais sa marée montante me rejeta
Dans le gouffre de mes pensées sans fond.

(d'après Byron, *Manfred*, Acte II, scène 2)

Au demeurant la main est là, montrant, déictique, le Sud engouffré bas.

Le Louvre

Vous êtes-vous déjà imaginé homme ou femme miniature enfermé dans un pot de miel à demi plein ? A quoi vous servirait-il que ce pot de miel soit posé sur une pile de traités d'apiculture ? (Vous êtes enfoncé jusqu'aux genoux dans la substance poisseuse qui colle même vos cheveux, goutte de votre nez et de votre menton. Vos paupières s'engluent. Petit à petit, l'air vous manque car les cruels géants qui vous ont mis là-dedans ont oublié de percer des trous dans le couvercle. Vous criez et tapez des poings sur la paroi, mais ils ne vous entendent qu'à peine et ne vous comprennent certainement pas. Leur face immense et curieuse vous observe de l'autre côté du verre. Vous ne serez bientôt plus qu'une inclusion sucrée. C'est de votre faute après tout. Pourquoi vous étiez-vous penché vers la douceur ?)

Je me vis moi à l'étage d'une haute grange en boiserie ouverte de baies vitrées. L'une de ces baies donnait sur la Tamise à marée basse (avec l'habituel chercheur de trésor au compteur Geiger se promenant dans la gadoue), et une autre offrait une vue de la Camargue lacustre, comme à partir d'une plate-forme d'observation des oiseaux. On y voyait en contrebas galoper l'éternel cheval blanc et l'éternel taureau noir des cartes postales, mais le plus étrange était de voir non pas le cheval mais le taureau chevauché par un gardian. Ce devait être le diable puisque j'en apercevais les cornes, lui qui se veut picador fourrageur du dualisme. Le Sud s'opposera-t-il toujours au Nord ? Non, pas sur l'eau stagnante des marais où les éléments s'emmêlent.

L'étalon s'avance au pas la tête
Noyée dans un essaim d'abeilles
Lui sortant à flot d'orbites
Blanches couleur d'os à miel.

Paris est au sud de nulle part et ce n'est même pas le centre du monde. On passe au Louvre en participant de la queue de la comète-culture qui nous consume. Pourtant, de nombreuses images nous montrent le Sud vers lequel, avec Watteau, nous voudrions nous embarquer. Mais pour cela, il faudrait savoir faire le départ de notre carcasse (ce que le peintre phtisique sut si bien), et nous enfoncer dans le flou, vaporeux, pastel, incontrôlable. Bref, nous abandonner là même où il n'y a plus de direction, ni haut, ni bas (les cartes de la Chine ancienne étaient orientées à l'inverse des nôtres, le Sud au Nord et le Nord au Sud, mais pour l'Empire du Milieu, qu'importe !), ni géographie même amoureuse, ni surtout de points cardinaux. Qui oserait ? Au lieu de cela, lorsque nous trouvons le temps (cela se peut-il vraiment ?), nous invoquons ce Sud et nous recherchons ce savoir-vivre avec pour tout outil le fétichisme du mot. Mieux vaudrait se briser, s'échouer, s'user dans la latence et les limbes. Éviter même le retour à l'archaïsme, ce vieux barbu à la bouche pleine du téton de sa fille.

Je disais précédemment que l'Égypte ancienne était au sud ou, pour être plus précis, au sud du temps. La mort aussi. Pour les Égyptiens, le cercueil était non seulement une protection supplémentaire du corps, déjà préparé pour résister au temps, mais aussi un monde miniature. Le « Possesseur de vie », ainsi appelait-on dans la langue égyptienne le cercueil, enveloppe protectrice du corps. On connaît le « Vivre, c'est apprendre à mourir » ; mais ne pourrait-on renverser la proposition et énoncer : « Apprendre à vivre, c'est mourir » ? Il faudrait alors cesser de s'interroger sur le « comment vivre ? » pour ne plus se retrouver en permanence face à notre mort pensée, à notre pluie-malaise sous l'écoulement du temps. Exprimé plus constructivement, il faudrait *trafiquer des miniatures en résistance.*

Au cours de leur vie respective, le cœur d'un éléphant et celui d'une musaraigne battent environ le même nombre de fois. Pourtant l'éléphant peut vivre jusqu'à soixante ou soixante-dix ans tandis que la musaraigne ne vit que deux à trois ans. Leur cœur ne bat simplement pas à la même vitesse. Leurs perceptions du temps ne sont donc ni plus courtes, ni plus longues en soi. Ce sont les mêmes, celles d'une vie. C'est par rapport à notre perception qu'elles varient relativement en durée. On pourrait donc dire que le temps n'existe que relativement à notre rythme cardiaque, au rythme de nos organes. Le dieu déclare :

— Je te sauverai de la dent du lion et de celle du crocodile, de la morsure du serpent et de la piqûre des scorpions. Je te sauvegarderai de toute maladie, de la phtisie, du sida, de la médisance, de l'injustice. Je t'empêcherai même de te mordre la queue, toi qui cherches constamment à dévorer tes propres entrailles, à te nourrir de tes propres pensées inféconde.

Vers 1000 av. J.C., la magie égyptienne connaît un développement intense. C'est alors qu'apparaissent les stèles guérisseuses (Horus sur les crocodiles) et que se multiplient les papyrus magiques portés sur soi dans des petits tubes. Au premier millénaire apparaissent aussi de nouvelles divinités composites nommées « panthées », comme le jeune Horus, chargées d'anéantir les bêtes dangereuses. Munies d'ailes, de plumes et de couteaux, à têtes multiples et chercheuses, ce sont des variantes du dieu Bès ou du nain Ptah, mais aussi de Min, dieu phallique qui brandit un chasse-mouche-à-miel, et d'Amon, dont le nom signifie « le Mystérieux ». Les stèles guérisseuses représentent le dieu-enfant Horus qui fut sauvé des animaux venimeux grâce à la science de sa mère Isis.

Juché sur des crocodiles, il empoigne des bêtes sauvages ou dangereuses, et de son aile indique toujours la direction du sud, c'est-à-dire celle des sources du grand fleuve qu'il nous faut remonter jusqu'au cœur du vieux continent, celui de nos os et de notre chair flasque de rorqual échoué, en décomposition, nous qui n'avons pas eu la chance d'être évidés, écervelés par les narines, baignés dans le natron, enveloppés de kilomètres de bandelettes goudronnées et placés dans le monde du devenir miniature. Qui, de toute façon, accepterait de nous couvrir d'or ? C'est bien pour cela que nous écrivons, ou vivons plongés dans l'étang des familles, des asticots grouillant sur le corps du temps afin de perpétuer la race dans ses vols d'hommes, de femmes, d'enfants, de vieillards grincheux, de pensées, d'actes, de progrès, d'inventions, de parcours, d'éclats incessants.

Mode d'emploi : boire de l'eau qui a coulé sur les représentations et les textes magiques de la stèle, ou bien en porter une en amulette. Les plus communes sont le scarabée « devenir » (eh oui, précisément, face aux dangers et à la mort, nos vieux compagnons reviennent en théorie nous habiter et nous aider à franchir chaque étape, l'une après l'autre, car les chemins du Sud ne sont pas sans dangers), et l'œil *oudjat*, « être complet », celui qui sait vivre et assure l'intégrité physique en face du déferlement des possibles et de leur dispersion. Or, notre corps mental n'est qu'un tube creux, canon à atomes idéaux, qui bombarde la façade de notre interlocuteur et la lui ravale. Les éclats, ceux-là mêmes, s'en vont dans la boue et la poussière du ruisseau qui les amènera, limon jaune, jusqu'au grand fleuve et à ses bouches.

Un corps formé de mamelles et de reptiles empilés parle du grand mélange, de la métamorphose roulante, de la Babel des formes. L'esprit s'abîme dans le puits du corps tout autant que l'humain s'abîme dans le puits creux de la nature. Nos natures sont des grottes qui s'entrelacent et les traces de pieds fossiles d'un enfant magdalénien dans la grotte Chauvet nous montrent la direction de cet abîme. Il suffit de les suivre.

La corne spiralée du bélier égyptien nous pénètre, nous éventre et ressort par notre anus solaire pour nous relier au reste du monde. Un second ombilic nous pousse cette fois au cul et la déchirure de l'enveloppe que tout art exerce nous envoie au Sud, toujours plus au Sud. On peut voir de nombreux corps ainsi s'entre-pénétrer. Dès ce moment-là, dévorer le griffon ou la chimère devient un acte de cannibalisme, voire même d'auto-cannibalisme – Caliban dévoreur du dragon sur l'île, ou se servant dans un bassin rustique de Bernard Palissy.

Pieter Boel (1622-1674) : *Casoar et corbeau blanc* ; *Trois études d'autruche sur fond vieux rose foncé*. Franz Snyders (1579-1657) : *Fruits et singes*. Abraham Mignon (1637-1679) : *Fleurs, oiseaux, insectes et reptiles*. Voir la Méditerranée avec des yeux de peintre hollandais. Marseus Van Shrieck (... -1670) : *Serpents et papillons*.

Pour vaincre les fantômes, il faut d'abord les réveiller, et pour les réveiller il faut les invoquer. Quelles sortes de morsures pourraient donc vous infliger ces insectes, ces reptiles, ces papillons, ces autruches et ces perroquets ? Ils vous picoreraient à plaisir sans qu'aucune magie talismanique ne puisse vous protéger, surtout pas ces rouleaux de papyrus sur lesquels vous vous penchez en ce moment même. Au contraire, cette lecture ne peut qu'attirer sur vous les démons qui ne demandent qu'à mieux vivre, usant de votre regard et de votre semence, grimaçant et dansant autour de la Mort Saint Innocent (vers 1530), grande image noire de la Mort décharnée qui se dressait au centre du cimetière des Innocents, à Paris. Sur son bouclier, une épigramme rappelle :

Il n'est vivant tant soit plein d'art
Ne de force pour résistance
Que je ne frappe de mon dard
Pour bailler aux vers leur pitance.
Priez Dieu pour les trépassés.

La parole

Un homme nu affolé sort la tête du bas d'un énorme coquillage, sans doute un buccin, porté sur un brancard par deux autres hommes. Dans les bras de l'homme chutant s'enlace un serpent qui pointe la tête vers sa bouche. Dès sa naissance mûre, cet individu sera soumis au péché de parole que nul n'arrête.

La réalité est un volcan qui nous crache sa lave dans les yeux.

En écrire le constat nous renverse. La langue n'a aucun sens, ou direction, lorsqu'elle demeure parole. La langue n'existe vraiment que dans sa praxis qui est l'écriture et qui lui confère un sens, hélas rêvé. Cette langue écrite rêvée devient chant. Car de plus il n'y a aucune raison qui tienne. On ne peut que se noyer dans ses pensées. Le démon-masque Komo est sculpté pour ressembler à un animal, mais ce n'est pas un animal. C'est un secret.

Les animaux et les végétaux naissent dans la terre et dans l'eau, parce que dans la terre existe de l'eau, dans l'eau du souffle, et que celui-là est tout entier pénétré de chaleur psychique, si bien que tout est en quelque sorte plein d'âme. Aussi des êtres ne tardent-ils pas à prendre forme dès que cette chaleur est enclose en un point. Elle se trouve enclose quand s'échauffent les liquides renfermant des éléments solides, et il se forme alors une espèce d'écume. Voilà aussi comment naissent les démons, de l'écume de la terre et de l'eau barattées. L'un d'eux sortit tout soudain du sol et se prit à chanter :

Fee, fi, fo, fum,
Je sens le sang d'un homme anglais.
Qu'il soit vivant ou qu'il soit mort,
Je moudrai ses os pour en faire mon pain.

Et un autre de lui répondre :

Tout le monde pue, pue, pue,
Comme une charogne.
Gniac', gniac', gniac' mon doux Jésus
Qui a l'odeur bonne.

Les deux s'enlacent et entament une ronde frénétique :

Explosion de pensée
Cherchant à englober
Une bombe à fragmentation
Avant d'éclater bout.

Du sexe au cerveau, la corde de l'arc tirée se tend, puis la flèche me traverse de part en part (les Anglais disent *« to be in the bow »*, être « dans » l'arc, la main tendant la corde ayant dépassé l'oreille). Mieux vaut être un monstre qu'un sentimental ennuyeux. J'ai en moi un puits dans lequel je m'engloutis parfois, et il n'y a alors que ma main, ma propre main, qui peut me tirer de là (tout ne peut en être retiré et amené au niveau du langage, mais la métaphore est souvent un bon outil pour en ressortir le plus possible). Un *putto* casqué au carquois plein de flèches chevauche courroucé un vautour posé sur un rocher et qui se retourne du col vers lui. Sous l'oiseau, entre ses serres, se découvre un arc. La statue s'appelle *The lost Bow*, « L'Arc perdu », et se trouve dans la roseraie du Regent's Park, à Londres.

C'est alors qu'elle vint jouir, tout au fond du tunnel de la Sibylle, à Cumes.

Se racler Vénus de la surface corticale. La décomposition de mes structures environnantes est une nécessité initiatique. Deux jeunes femmes nues se baignent dans un paysage bucolique, mais avec des fragments d'organes (cœur, rectum, intestins, foie, vessie) collés plus ou moins à l'envers sur les têtes et certaines parties du corps. La prolifération de ces fragments corporels, intérieur exhibé, brouille les distinctions. Les oppositions ne sont pas résolues mais constamment réactivées. Ce corps pour le moment encore vivant n'est pas un copier-coller mais une globalité ponctuée d'intentions qui le trouent.

Certains ont dénoncé les *Membra dejecta*, les membres disjoints et dispersés. D'autres ont proclamé le *sparagmos*, le démembrement de l'animal vivant. Où, sinon au Sud, pourrais-je trouver cette aisance du démembrement lorsque d'autres créatures en pleine floraison me font vivre sans que je sois, en moi ? Tu vois, l'Antiquité conservait encore une vive mémoire des rites de la préhistoire, de la même façon que le christianisme garde le souvenir des rites antiques. Monter, monter toujours plus haut jusqu'à ce que dans l'air pur la viande ne se putréfie plus mais se boucane. Il y a plus de barbarité à manger un homme vivant qu'un homme mort. *Parte opera di natura e parte opera di artificio*, d'un « style rustique » baignant dans l'océan du silence inorganisé, l'*Anhad*, le monde en son origine.

Qu'un être purement matériel puisse penser ou non, s'il se lève pour parler, inspiré par esprit ou par folie, nous ne pourrons savoir et dans le doute nous écoutons. Préternaturelle, la création attend elle aussi d'être délivrée de la servitude et de la corruption. Notre esprit abdomen écrasé d'araignée file sa vision octuple pour l'insecte-lecteur emmaillé dans sa toile du non-sens, mais la main de Dieu par inadvertance détruit, tout en cultivant son jardin, les mauvaises herbes.

Dissoudre le nom des choses, chercher à prendre Léviathan à l'hameçon (et il est difficile de revomir l'hameçon de l'appétit, de manger de la chair quand on a les entrailles percées). Adorer comme Aaron le Veau d'or parce qu'il n'y a que lui qui brille et mugit dans la vallée et qu'il pleut sans discontinuer. Orphée apporte sur un plateau les pièces de son corps muet (n'ai-je pas rêvé que six ou sept coléoptères énormes, marron et luisants, se pressaient sur un fruit pourri et qu'il me fallait choisir le plus gros ?). Une intense irritation, comme un prurit, nous fera toujours recommencer, reprendre le chemin de l'Etna, ce pont sicilien entre les genres d'un mauvais genre. Y manque la présence, diront les uns. Il y en a trop, diront les autres. Ne faire que jouer à Pline l'Ancien (il suffoque sur la plage ; son bateau de pierres ponces se charge). Comment pourrions-nous gravir et nous tenir au sommet d'une montagne qui explose ? Pour finir sulfureux dans son cratère, laissant une pantoufle à sa lèvre, ou *sparagmos* éclaté, fragmenté dans les hauteurs ? Mieux vaut encore le fleuve et ses affluents, influentes femelles les flux du sang.

Je repris donc ma route vers Naples, vers le Sud et les racines de ma famille qui s'étendaient rhizomes sur toutes les rives de la Méditerranée, du couchant au levant.

Naples

Les oracles de la Sibylle de Cumes furent recueillis en neuf livres prophétiques que la devineresse proposa à prix d'or à Tarquin le Superbe, le dernier des sept rois de Rome. Sur le refus de celui-ci, la Sibylle en brûla trois et lui proposa les six restants au même prix. Comme il refusait de nouveau, elle en brûla trois autres. Pour les trois derniers, il se résolut à payer le prix initialement demandé. Ces célèbres livres sibyllins étaient conservés à Rome, dans le temple de Jupiter Capitolin, et consultés en cas de crise. Ils disparurent lors de l'incendie du temple en 83 av. J.C.

Toute littérature, quelle qu'en soit la valeur, est destinée à se consumer et à retourner d'où elle provient, dans le brasier des yeux et du ventre des hommes aux chairs grésillantes. Je suis moi-même revenu pour quelques jours au pays des insectes. Je plaçai mon corps sur des fagots et l'y incinérai. La fumée âcre du bûcher s'en alla piquer les yeux des dieux, mais leurs abeilles se calmèrent et je pus puiser à pleine main le miel de la vengeance qu'elles y enfermaient.

Ici, il ne faut pas attacher trop de prix à la perte de son temps et ne pas manquer d'aller consulter la prêtresse. Les griffons nous font croire qu'ils sont en pierre, mais ce n'est que le camouflage de l'horreur qui nous habite en profondeur. Elle laisse s'arranger ses oracles au gré du vent, ce qui amène les consultants à la recherche de l'ordre, et à la maudire. *Dioniso fanciullo su tigre* (Dionysos enfant ailé chevauchant une hyène). *Sex and Zen : Modernissimo.*

Qu'il est bon d'aller fouiner sur le Pausilippe, une pause dans la douleur, et de s'enfoncer une fois de plus dans l'âme de Sansevero, de retrouver ses vaisseaux veineux calcifiés et ses corps en cages de fil de fer ! De tels spectacles nous aident à devenir notre propre volcan de signification, de même que le Vésuve mouleur de corps abandonnés n'est pas n'importe quel volcan. Tout se rencontre et se mêle en notre cratère, baroque volcan d'eau et de chair. Au carrefour des phénomènes de la création, les fossiles vivants affligés de bradisisme, secousses telluriques permanentes produites par les mouvements du magma interne, tracent leur vie rousse en deçà du niveau des bactéries. Nous promenant en ces lieux, nous avons rencontré Vulcain sans tout d'abord le savoir. Puis nous l'avons reconnu à sa manière de faire fumer l'invisible. Quelle science subtile ! Et combien il nous en chaurait d'en pouvoir faire autant !

Les anges survolent les cratères et tombent comme pierres, asphyxiés par les vapeurs méphitiques. Leurs plumes blanches jonchent le sol sur lequel nous marchons. Elles se réduisent en poussières, en poudres blanches qui s'élèvent elles-mêmes vapeurs, fumerolles de plumes que nous respirons, que les anges survivants respirent également, leurs propres plumes. La circularité des calderas traduit en gaz délétères le cycle du temps réduit à ses dimensions géographiques, spatiales. Temps et espace fusionnant sous nos plumes. Il n'y a que des têtes qui surnagent. Hélas ou heureusement, tu comprends, c'est la vacuité qui assure la soudaineté de l'éruption, puisque la terre est creuse et se retient comme une tête, et c'est pour cela que les jeunes hommes plongent et s'enfoncent. Mais comment une telle foule d'humains peut-elle vivre sur ces champs de feu ?

Villa epitaffi
Pizza Nerone
Tempio di Venere
Ristorante Sirena

Deux mots se rencontrent, par exemple « volcan » et « oiseau ». Ils se cognent, s'entrechoquent, produisent une étincelle qui met le feu à la poudre d'un tracé neuronal. L'incendie se répand à la vitesse de l'éclair, courant le long des sentes de sangliers, parfaitement tracées comme des chemins humains. Mais il faut avancer penché pour les suivre, parfois à quatre pattes dans le tunnel au plafond très bas, et l'on se cogne du groin contre des tas de mots rances ou moisis sur lesquels poussent des champignons cavernicoles. On se vautre dans les bauges de la parole, les quartiers anciens rendus inhabitables. Le déplacement de la population est en cours, loin du temple de Sérapis dont les trous forés dans ses colonnes par les mollusques marins (*Lithodomus, Lithofagus*) permettent de suivre les différents niveaux que la mer a atteint au cours des siècles à la suite des oscillations de la croûte terrestre (entre le XVIe et le XIXe siècle, le sol s'était affaissé pour reprendre très récemment un nouveau mouvement vers le haut).

Vous osez relever la tête et des épines de cactus se plantent dans votre cuir chevelu. Êtes-vous arrivé à voir ces aiguilles de soufre qui pendent du plafond de la grotte brûlante où nul ne peut se tenir debout de peur de se faire griller le portrait comme sur les barbelés de la Stasi ? Il faut y aller, mettre sa tête dans cette fournaise, n'est-ce pas ? Mais c'est bon pour la santé. Cela tue les germes et les microbes qui encombrent vos perforations.

Entre Marseille et Madras, les autels à la Vierge se déclouent de l'amas humain.

Le nom de *Castel dell' Ovo* se réfère à un œuf magique que Virgile (« En ce temps-là, la douce Parthénope me nourrissait sans bruit, moi... ») aurait enfermé dans une cage de fer suspendue à la voûte d'une pièce secrète. Croyant que Virgile lui-même était enterré dans le château, un voyageur du Moyen Age, Conrad de Querfourt, témoignait non sans inquiétude en 1194 :

> Si les oses de Virgile sont exposés à l'air, le ciel s'obscurcit, la mer se met à bouillir et soudain se lève le vacarme de la tempête. C'est ce que nous avons vu et attesté.

Et c'est ce que nous avons également vu et attesté le soir où nous mangions au Borgomarino : le dévoilement de la poésie soulève des tempêtes brutales qui emportent parasols, chaises et tables. Le contenu des cratères redouble effectivement ses bouillonnements. Il faut savoir et oser les ouvrir sur cette décomposition enclose d'où s'échappe, de manière à la fois soudaine et surprenante, le sens ; par un retournement naturel à la création, la mort, ici sentiment et vision, n'est qu'un point de départ pour cette vie poïétique, faute tronquée ; tel un fruit de chair, pour produire, il faut pourrir.

Assis sur la corniche face au Vésuve volcan banlieusard, je me souvenais des volcans indonésiens tels que je les avais découverts un jour lointain pointant leurs cônes enchaînés au-dessus des nuages. Volcans et dragons, mes frères d'armes en épaisseur, perçant la croûte des sentiments.

A cette époque, au cimetière des Fontanelles, naquit un culte populaire pour les ossements anonymes. Les fidèles y voyaient les restes d'âmes du purgatoire nécessitant leurs soins et leurs prières. De nombreux crânes furent ainsi mis au jour, « adoptés » et placés dans des caisses de bois portant le nom et l'histoire imaginaires d'un défunt (sous le Vésuve, les morts racontent effectivement des histoires, de par leurs formes abandonnées qu'il a bien voulu mouler pour les préserver, volcan écrivain). Nous étions donc partis chercher les os de la mort, des crânes d'intellectuels disparus encastrés dans les murs de la culture, adoptés et réinventés par les rites populaires. Nous n'avions trouvé que les faubourgs grouillant d'une vie perpétuelle. Pour la mort d'un saint, ils parlent de son *transit*, et c'est bien cela, l'existence individuelle n'est qu'un passage transitoire, la transition d'une forme de vie à une autre. La mousse humaine se perpétue dans le bruit et le mouvement souple, nerveux, archéebactéries sur la grille du quadrillage antique, tandis que les gras *putti* de marbre baroques nous montrent la voie en tendant à bout de bras des torches, lampes électriques rouges, *red light area*.

Comme le chemin du sexe à la Vierge passe par son confessionnal de chair rose édenté, le vieux prêtre suce mieux. Merci, saint

François-Xavier, d'être revenu mort des rivages de la Chine. Macao t'a vu resplendissant de maigreur et de souffrance alors que saint Thomas s'était arrêté en route (à Madras, précisément). L'ange soutient de sa main la colombe percée d'une flèche et assure la continuité de son élévation. *Ovide-Vidéo* ; il faudrait filmer une galerie de portraits qui s'ouvrirait dans les parois du cratère et donnerait sur la mer en contrebas – *Thalassa ! Thalassa !*

Au flanc du volcan dominant la mer, plus n'est besoin de lutter contre la fragmentation. Le « contre » devient un « avec » tordu. Au Sud, autant se laisser aller. Je n'écrirai plus jamais de la même façon (*apoikia* : « émigration »), puisqu'en lieu et place a pris place l'irruption du féminin au sein de l'existant mortel (je sens ton sang battre en tes profondeurs). Il ne faut pas non plus être trop impressionné par les noms que nous avons donnés puisque celui qui porte les péchés d'un autre n'en subit pas la faute, mais l'ôte à celui-là. En ce pays règne un dieu-bouc très puissant, Azazel, le démon-seigneur-du-sauvage. Il prendra l'oiseau vivant avec le bois de cèdre et l'étoffe de pourpre et l'hysope. Il trempera l'oiseau vivant dans le sang de l'oiseau mort qui fut tué au-dessus de l'eau courante. Il aspergera sept fois le sang de l'oiseau mort sur l'oiseau vivant pour le purifier de toute lèpre et laissera cet oiseau vivant s'envoler libre au-dessus des champs de lave ouverte.

La Nouvelle Cité ainsi baptisée sera sise au bord de l'eau, assise sur les volcans et comme en train de contempler le vide alors que tout est si plein en elle. La nature l'investira du chaos et des générations qui forment croûte. Partout pousseront les caoutchoucs, les philodendrons, les coléoptères et des vols d'agrumes. Or cette cité émaillée de nature sera ma tribune.

Épilogue

Aux fourmis fossoyeuses du monde, j'offre
Les paroles répétitives, les gesticulations intempestives
Et même les idées vagues qui courent en rides
A la surface du silence, de ma famille

Tandis qu'en pleine nuit certaines cigales gavées
De lumière et de chaleur continuent à chanter.
Il ne faut guère plus que ce chant et quelques objets

Morts pour lutter contre la dégradation des corps.

Qu'il est difficile de se retirer du sein des vivants,
Et de leur bouche, et de leurs systèmes
Qui pétrifient l'abondance et nous envoient
Rouler dans la consommation des cendres !

Ça y est ! Je suis descendu au fond de la mer (où j'ai eu peur de ce que la mort pouvait être), et j'ai tendu l'arc d'Ulysse. Je lui ai même parlé, négociant avec lui mes retours périodiques le long de la parabole du chant. Je pourrai ainsi continuer à courtiser Pénélope la Méditerranéenne sans qu'il me hérisse de ses tiges ferrées, puisque, pour finir, je ne suis que la tapisserie que tisse et détisse la déesse cornue. Ce qu'il est convenu d'appeler ma personnalité et mon style ne sont que des motifs particuliers sur la tenture flottante cachant la porte du gynécée.

Je suis descendu droit, debout, lentement, au plus épais de la matière, mais elle pesait sur moi de toute son inertie gélatine et j'ai rapidement manqué d'air. J'ai cependant assisté à la remontée des oursins des grands fonds qui puent tant en se décomposant et des gorgones aux ailes géantes que l'on fixe sur les casques pour les décorer et en mieux faire voler les têtes. J'ai tenu par la queue la roussette, ou chien de mer, ou requin-léopard, *Scyliorhinus canicula*, et l'ai décapitée à la scie à métaux pour en nourrir trois familles, leurs enfants braillards. Sur le port du Niel, j'ai acheté des éponges à peine traitées qui sentaient fort (pour m'assister dans mes recherches) et un petit poisson-lune épineux gonflé. Ma bourriche est pleine de trésors.

J'ai vu s'ouvrir le ventre de Théra. A la « Vieille Charité » de Marseille, j'ai vu les rangées de têtes trophées surmodelées phosphorescentes suspendues dans le noir et les ai honorées. J'ai vu par transparence, surimpressions et reflets, dans des vitrines obscures les représentations démultipliées du Livre unique flottant ouvert entre les pages duquel circulaient de vagues figures humaines, sans doute grecques, ligures ou sardes. J'ai vu

Les bouches de l'enfer blanc
D'où sortent les fantômes du Midi
Quand la fumée se cristallise.

(Peu à peu, malgré leur importance, les corps s'effacent.) Ce que j'aime dans mon pays, c'est que par temps de mistral, la force de la lumière est telle qu'elle annihile les présences humaines qui s'affairent, sans grande conviction d'ailleurs, trop conscientes de leur propre vanité. Lait-orgeat. Je répète qu'ici ce n'est pas l'Islande, la Grande-Bretagne, la France, l'Italie, la Nouvelle-Zélande ou Dieu sait où encore. Ces entités-là ne s'affirment que coloniales, par leurs langues et leurs administrations, leur soif de nous entraîner dans la consommation. Ici, c'est le Sud, un unique pays à l'identité multiple et grandiose sis là où toute latitude est laissée au *faber*, au « faire » comme source, quel qu'en soit le sens, de la chute.

Au moins je sais que j'appartiens à ce lieu littoral tournoyant autour du centre comme un phoque ou une patelle, que j'y reviens toujours, et que quelles que soient la force du vent, la position de la lune, la voracité des bêtes, la hauteur des falaises, la profondeur du cratère, la violence de l'explosion, le ressac ne m'en délivrera pas.

Nous vivons tous… – maintenant je peux vous le dire : malgré plusieurs tentatives, Shackleton n'atteignit jamais le pôle Sud. Il mourut à bord du *Quest*, en Géorgie du Sud, lors de sa dernière expédition en 1922. *The Heart of the Antartic*, 1909 ; *South in the Antartic*, 1912 – mais une fois arrivé à la source, on se tait.

LA FALAISE AUX NIDS

à D.M.

Il y eut au départ un noyau qui n'en avait pas la forme, une graine dont les deux cotylédons germinants s'étaient déjà séparés, une poussée vers le haut sans racine là où elle n'avait pas lieu d'être. Nous étions deux amis nus au bord d'un feu presque éteint, en pleine chaleur dans les coquillages grillés ou calcinés, sur une dalle de schiste surplombant la mer. Une jeune femme étrangère nous observait, sa fille-sirène heureusement muette mais les yeux dentés. Et voilà soudain que sous son regard d'antimatière, à peine formés nous étions déjà renvoyés à la périphérie du cosmos comme deux jeunes marins soulevés, projetés, écrasés par une vague contre la falaise. La vague de son regard. La falaise du non-sens. Ah ! les cris des gabians ! Ah ! l'cxtase de l'été expirant ! Le soleil était bien plus un crâne éclaté qu'un cou coupé avant de finir vieille naine blanche et les martinets pâles *Apus pallidus* piaillaient à nos oreilles, à nos cornes et à nos queues.

Le seul espoir que nous pûmes revêtir avant une disparition plus complète fut de nous couvrir le corps de cendres blanches encore tièdes et d'entamer l'escalade pour vérifier si dans les nids des anfractuosités du rocher nous étions. Doigts de mains et de pieds crispés, genoux tremblants, le vertige au ventre et au pubis ainsi découverts nous montions, la brise marine nous caressant les fesses. La jeune sirène blanche elle aussi en bas étalée comme Méduse échouée riait de nous voir deux patelles arapèdes primitives collées à la paroi dans le seul but ornithologique de perdre le temps de ce bel après-midi d'été. Une curiosité, lorsque nous savons que le temps n'est qu'une mise en transparence de ce qui nous précède en y passant à travers le bras.

Maintenant, il faudrait que j'écrive à Yves, Toshi, Françoise, puis pleurer d'envie car c'est cette envie qui nous fait détruire ce que nous avions créé. Les sirènes sont là à m'attendre, me tendre et nager danger autour de ce moi qui coule. Parviendrai-je à dire la bouche comme j'ai dit l'anus, et à opposer à cet orifice du haut l'oiseau comme j'ai opposé à l'orifice du bas l'insecte ? En écrivant « opposer », je veux dire contraster et refléter, projeter et appareiller, accoupler et complémentariser, faire face et front et dos à l'adversité de l'animal qui nous lit et nous dévoile, nous relève de nos cercueils du sens et nous élève pour nous en sortir humains anoblis puisque désignés, du doigt nommés hors du tombeau.

Mais bien me soit, Dame, pour tumbe humide.

S'ils sont nus, c'est que ce sont des esprits…

C'est ainsi que nous nous sommes élancés vers le nid du martinet pâle, accrochés aux ressacs du roc, pour apercevoir dans une crevasse la coupe de brindilles, de fiente et de salive dans laquelle les oisillons couinaient. Et ce qu'il fallait surtout savoir voir, c'étaient ces colonnes de fourmis argentines qui se dirigeaient vers eux, se repaissant de leurs déjections avant de faire bombance sur un de leurs cadavres qui ressemblait à un oubli par hasard. Les parents n'auraient su qu'en faire. Les frères et sœurs en demandaient déjà trop. Enfin il faut également sacrifier à l'absence qui nous environne, car ce dont nous ne nous souvenons pas demeure pourtant partout, derrière les anfractuosités du rocher, à parler de nous, à nous épier caché dans d'invisibles grottes plus claires que le jour, plus blanches et plus aveuglantes même que la femme d'en bas. Tout cela existe sans que nous puissions en saisir la moindre bribe, en soupeser le moindre échantillon, en sucer le moindre sein. C'est de ce soupçon qu'araignées sans toile nous vivons. Mais cela ne s'appelle même plus vivre : cela s'appelle penser. Heureusement, les ailes en faucilles des grands oiseaux inquiets vibraient autour de nos têtes cherchant à les couper.

Ayant compris cela, mon ami et moi-même sommes redescendus pour ne plus nous retrouver et constater que le feu s'était éteint sur nos ventres couvant des galets à pondre, muer et traire, comme si ces verbes voulaient encore dire *« cubare », « ponare », « mutare »,* et *« trahere ».* Nous avons alors échangé nos vêtements non pas pour que l'on nous confonde mais pour que le doute s'installe aussi en autrui, qu'il se répande telle une rumeur malsaine par sa richesse même dans la confusion des âges et des styles. Que l'on soit tenté de dire : « Protée bien qu'enchaîné se dédouble » et qu'un couvre-chef de plumes d'autruche germe de nos crânes sculptés. Notre veuve-sirène les porte, ovaires d'os en sautoir. Un ruban de dentelle blanche camoufle nos orbites mieux qu'un cache-sexe. La pute borgne s'est introjecté le phallus du mâle dominant. Tirésias prophétise et ce sont des hirondelles qui sortent de sa bouche par grappes et colonnes s'effilochant au crépuscule. « Mais que veulent-ils donc dire, ces deux-là ? ».

J'ai appris un jour que les rapaces diurnes et les rapaces nocturnes n'avaient aucun lien de parenté entre eux, que les seconds, sans doute issus des engoulevents *Caprimulgus europaeus*, avaient développé leurs habitudes carnassières tout à fait indépendamment des premiers, peut-être parce que personne n'occupait alors cette niche alimentaire temporelle.

Comme nous regagnions tous deux la terre ferme, le sol plombé, le jour tombant, le vent bagué, mon compagnon et moi, nous nous séparâmes, n'ayant plus rien à faire ensemble, de grandes cicatrices longitudinales dans le dos.

Et si rêve et réalité n'avaient pas plus de rapport entre eux que ces oiseaux rapaces diurnes et nocturnes ? Une simple relation de ressemblance quasi fortuite pour deux évolutions parallèles ? Deux ordres différents se nourrissant aux deux versants opposés d'une même source, la chair de notre père, ombre et lumière, le corps cet enfoui ? Il n'y aurait plus alors besoin de chercher une quelconque rencontre précaire. Plus besoin d'établir de comparaisons, d'essayer d'interpréter les seconds à la lumière des premiers puisqu'ils n'auraient ni conséquences ni implications les uns par rapport aux autres, seulement une ferme indépendance. Enfin cette mémoire que nous croyons entretenir des personnes, des lieux et des désirs qui nous fréquentèrent se suffirait à elle-même et nous laisserait aussi vides et plats que certains tests d'oursins, « dollars des sables » dépourvus de piquants.

Très vite mon compagnon m'oublia tandis qu'il se plongeait dans la contemplation du regard d'une chouette chevêche *Athene noctua*. Méduse, qui s'appelait maintenant Minerve, enfonçait plus lentement un coin de fer entre nous et je commençai à ressentir le manque, cette boule de duvets pelucheux qui, réductiblement, s'amenuise dans notre poing agrippé au spectacle. Je me saisis de quelques plumes et les enfouis à la hâte dans ma cavité buccale sans pour autant y rencontrer la faim.

HISTOIRE DES IDOLOTHYTES

à A.L.

Cette faim me fournit une transition idéale puisque c'est bien de famine qu'il s'agit.

Un ami me narrait l'histoire suivante (*He cannot choose but hear*, « il ne peut choisir mais qu'écouter ») : trois naufragés et non point un se retrouvèrent sur une île déserte et dépourvue de toute aménité sinon une source malingre quoique claire qui coulait entre des rocs bien dignes d'un Bellini ou d'un Carpaccio. Comment y parvinrent-ils ? Je ne sais. Leur reine les y avait-elle fait déposer pour quelque crime innommable ? Avaient-ils été jalousés ? Calomniés ? Peut-être plus simplement une tempête les en délivra-t-elle au cours de leur périple vers l'Eden de ce joug auquel tout marin ne se soumet qu'avec un fort ambigu plaisir, celui du vent. Sans doute avaient-ils dérivé de longs jours sur un radeau de fortune, ou plutôt sur le radeau de Fortune, cette déesse qui s'ingénie à combler nos vœux lorsque nous avons cessé de les souhaiter. Et la dérive des espérances n'est qu'une étape vers un affranchissement auquel nul n'aspire.

Le fait est qu'il n'y avait rien à becqueter sur cet îlot et qu'aucun Prospero n'était là pour alimenter nos trois amis de ses mirages calibanesques ou mirandesques, suivant la qualité de leur vie antérieure. Bien ou mal vous prend de vous livrer sans vergogne à vos désirs. Ils parvinrent cependant par forces artifices, appâts d'anchois, filets et arbalètes de bois et de fibres à capturer un albatros qui nichait par-là. On sait la difficulté qu'ont ces vulgaires oies marines à prendre leur essor :

Qu'importe leur fantastique voilure,
Comme cloués sur la Croix au sol ils se trouvent.
Ayant accompli leur hideux forfait, ils décidèrent

D'en faire de la soupe, ce qui délierait
Leur langue par la faim violentée.

Or, comme en un éclair ou un brutal fondu enchaîné en cul-de-basse-fosse, les trois ne furent plus que deux, l'un riant tandis que l'autre pleurait. Comment ? Pourquoi ? C'est ce que je m'en vais vous expliquer si ce démon qui m'inspire me prête voix. Et n'est-il pas là à quelques brasses sous ma coque, ce gluant serpent marin muni de pattes à entraîner mon navire au loin tandis qu'aucun vent ne le pousse ? Et n'est-ce pas lui qui brise le silence marin tandis qu'autour de moi jamais le vacarme des Saturnales ne me sollicite ? Hélas !

Depuis lors, à certaines heures,
Cette agonie revient, me force
Jusqu'à ce que mon conte horrible
Soit dit, toujours le cœur m'en brûle.

Voici. Tandis que l'albatros mijotait dans un chaudron d'écorce, les trois taraudés se rendirent vite compte qu'il n'y en aurait assez que pour un. Les viandes d'oiseau-poète à la cuisson réduisent. Eux-mêmes réduits en furent-ils à tirer à la courte paille pour au moins à deux fournir du bouillon. Les pailles furent tirées et la plus courte vint crever l'œil désespéré du plus jeune qui au destin se soumit. Il fut abattu sans surprise d'un coup derrière la nuque et bientôt dépecé. Il est étonnant de voir combien certains sacrifiés admettent la défaveur du sort et s'y complaisent dans l'illusoire satisfaction d'avoir rempli leur devoir, de s'être eux-mêmes accomplis, d'avoir ré-amalgamé en pleine et libre conscience leur individualité au grand Étant.

Les deux restants exécutèrent leur cuisine non sans difficulté, appréhension et un certain malaise. Peut-être se sentaient-ils un peu coupables. N'ayant jamais ni l'un ni l'autre goûté ni de l'albatros ni du long-cochon, ils décidèrent de ne pas mélanger les deux plats, mais d'en confondre les origines et d'en attribuer au hasard l'un à Pierre et l'autre à Paul. Ainsi ne sauraient-ils s'ils étaient en train de s'alimenter de la chair du grand oiseau ou de celle du petit humain, et leurs deux consciences resteraient en repos. Chaque acte alimentaire est saint, car nulle viande ne se détache de la chaîne qui nous lie. Le moindre légume dévoré crie, mais la carotte bien mâchée dans notre estomac se retrouve. Ainsi ne s'était-elle jamais quittée et n'avait-elle souffert qu'un instant l'illusion de la séparation d'avec ses fibres.

Les deux sustentés digérèrent longuement, comme ces serpents boas qui mettent un mois à assimiler non seulement la chair, mais aussi la peau, les poils, les sabots et les cornes de la petite gazelle sylvestre qu'ils avaient avalée après l'avoir broyée dans leurs amoureuses étreintes. Si elle avait su... ce regard qui l'avait tant troublée... Mais que peut-on attendre d'autre des fragments d'un Valentin amoureux ? Des accents trompeurs d'une vision myope qui prend le toucher pour une parole et nomme le désir jusqu'à ce qu'il l'étouffe alors que l'on devrait bien mieux le glisser sous un tapis et poser un large fauteuil dessus, un crapaud de préférence ? Moi, le désir, je laisse ma femme de ménage l'entretenir, le cirer et l'astiquer de temps en temps sans bien entendu la déclarer. Mais voici qu'une fois le mois passé, nos deux ogres eurent de nouveau faim. Un autre albatros encore plus poète dandy dégingandé que le précédent leur fut donc envoyé par la même fée maligne qui les avait fait s'échouer sur cet îlot Maire, là où les ruines de la casemate des douaniers servent de latrines aux touristes en goguette.

Ils ne furent pas longs à comprendre et se jetèrent sur ce nouvel oiseau sans quartier, mais ne purent cette fois que s'en partager les restes après l'avoir accommodé de la même façon, faute d'un troisième trublion. Or Pierre reconnut le goût de son premier bouillon et sut donc que c'était uniquement d'oiseau que sa diète se composait. Il rit. Paul comprit à la différence de fumet qu'il s'était auparavant nourri de leur pauvre compagnon et se mit à pleurer. C'est la conscience qui fait le cannibale puisqu'elle se nourrit d'elle-même, *A sader and a wiser man* (« Un homme plus sage et plus triste »), et joue ainsi les prolongations.

Pourtant, « il n'y a pas beaucoup de sages selon la chair », et encore, « ce qu'on immole, c'est à des démons. »

Maintenant donc sur l'île demeurent Pierre qui rit et Paul qui pleure, la joie égoïste et le remords conscient, mais tous deux s'appellent Jean, car ce sont les deux faces du même Janus, celui qui a dévoré son frère qui deviendra son père et son fils, car l'absent ingéré, tiers exclu inclus, le traverse et le vit, devient donc son démon dont il est à l'écoute. J'entends en écho les paroles de celui qui n'est plus. C'est l'appel qui nous sauve. A l'écoutille du bateau revenu paraît une tête cornue, barbue et hilare. Pan nous rattrape sur la nef des fous venant nous sauver, nous tirer de notre île stomacale, empêtrés que nous avons les pieds dans nos propres intestins offerts sur l'autel de la déesse Psyché, qui s'appelle aussi Conscience. Sur le pont et les haubans une joyeuse bande de nains, de satyres, de bossus, d'elfes et de donzelles dévêtues secouent des outres, des cymbales et des fleurs en colliers éclaboussant l'œil. Mais où est la paille ? Que le cyclopéen Ulysse se l'enfonce et qu'ainsi aveuglé il leur jette à tous du haut de son île sa première pierre !

HISTOIRE DES DEUX HIBOUX

à T.R.

Je viens juste de voir le premier hibou grand-duc en liberté de ma vie dans les circonstances les plus extraordinaires : *Bubo bubo*, que les Anglais appellent *eagle-howl*, l'aigle-hibou, en pleine ville, au carrefour de Notting Hill, non loin de Hyde Park. Il est posé à l'angle du toit plat d'un petit immeuble moderne de quatre étages, au-dessus de la papeterie W. H. Smith. Énorme, quasiment immobile, il observe la circulation, semble parfois tourner la tête. Ses deux aigrettes s'agitent au vent. Surexcité, je traverse l'avenue le cou tendu, zigzague entre les voitures pour mieux l'observer, piétine sur la pointe des pieds au milieu du trottoir, prie pour que me tombe du ciel une paire de jumelles.

Des gens intrigués par mon manège s'arrêtent, l'aperçoivent, s'étonnent, me demandent de quelle espèce il s'agit. Une femme le voit bouger. Est-il égaré ? S'est-il échappé du zoo de Regent's Park ? Se repose-t-il un moment en cours de migration ? Survient un bref mais très violent orage printanier. Je m'abrite dans une cabine téléphonique et continue de l'examiner. Ses oreilles de plumes sont vraiment très développées. Je m'attends à tout instant à le voir décoller, mais il ne bronche pas sous les rafales de pluie et les bourrasques qui le cinglent, fantôme perdu sous l'éclair en plein jour.

Dans une telle situation, dans cette *oddité*, étrange singularité, vraiment rien d'autre à faire que de ne pas bouger, attendre que ça passe, que la nuit vienne, que la pluie cesse, que la ville disparaisse dans la fixité hypnotique du regard. Mais les minutes défilent et je vais bientôt être en retard pour mes cours du soir. Je le laisse là, à sa veille d'illuminé déplacé au-dessus des flaques.

Trois heures plus tard, je repasse devant son immeuble pour aller prendre le métro. Le ciel s'est dégagé. Le crépuscule éclaire encore vaguement d'une lueur rose la masse urbaine obscurcie. Il est toujours là-haut, perché, et n'a pas bougé d'un centimètre. Je crois le comprendre. Pourtant, je rentre chez moi.

Il est difficile de ne pas trouver adorable un bambin de trois ans qui court devant vous dans le couloir avec son gros derrière bruissant de couche-culotte et, dans les bras, un éléphant aussi gros que lui équipé d'un grelot sonnant au bout de la trompe. Hannah retourne se coucher. Une semaine après je reviens à Notting Hill pour donner mes leçons hebdomadaires. Le hibou est toujours sur son toit. Il n'a pas bougé. Je me demande maintenant s'il est en plâtre ou en carton, pour effrayer les pigeons. Peut-être abrite-t-il une caméra de la police qui surveille le trafic et les feux rouges grillés. Peut-être Athéna l'a-t-elle déposé là pour maintenir présente à notre mémoire la nécessité d'apprendre toujours plus afin de souffrir encore davantage. En tout cas, il s'est bien foutu de moi, ce hibou.

Si un jour vous êtes résident ou touriste à Londres, sur le chemin du marché aux puces de Portobello, levez un instant la tête, jetez un coup d'œil vers le toit de W. H. Smith, car il sera sans doute là à vous observer, à attendre vos réactions et à rire sous cape de votre indélébile stupidité. Alors soyez discret, tenez-vous dans l'embrasure d'une porte pour ne pas éveiller l'attention des passants et fixez-le, attentivement, renvoyez-lui son regard avec l'intensité d'un miroir orienté vers le soleil. Concentrez-vous, attendez, ne perdez pas patience et je vous parie que vous le verrez bientôt bouger.

Quelques semaines après avoir été confronté à cette illusion solide, je descendis en Provence visiter la famille et revoir des amis. Entre Meyreuil et Aix, au sud de cette dernière, existe une petite chaîne de collines qui fut il y a une quinzaine d'années ravagée par les incendies, comme tant d'autres lieux de ce pays usagé. La végétation y peine à sécréter son terreau sous les coups du vice qui s'y découvre. Des rivages aux sommets, la mort monnayable sèche et neutralise toute tentative de couverture feuillue. C'est le profit du soleil aux dépens du soleil.

Pourtant Thierry, un ami psycho-ornithologue, me prévint que, dans un vallon retiré, accroché à une barre rocheuse, un couple de hiboux grand-duc persistait à demeurer, ascétiques résistants d'un autre âge et d'une autre dimension. Nous décidâmes d'aller leur rendre hommage. C'est pourquoi, par un après-midi caniculaire, à une époque où nous savions qu'ils ne couvaient pas, la tribu partit, équipée de gourdes d'eau, d'offrandes et d'enfants, certains aux bras, d'autres sur les épaules, afin qu'ils s'aguerrissent à la vue de ces génies semi-diurnes.

Nous tracions notre chemin à travers les lentisques, les euphorbes, les genévriers-cades, les myrtes, les chênes-kermès nains, toute végétation d'un maquis acéré, dans le bourdonnement excoriant des cigales et les émanations essentielles du thym et de la menthe poivrée. Notre couche graisseuse entre peau et poumons allait en s'amincissant. L'eau dont nous avions tant besoin, nous la fournissions à foison, mais elle était salée. C'était toute la saumure de notre mer accumulée durant les mois sédentaires dont nous nous débarrassions à chaque pas, passage initiatique que nous n'aurions pu franchir à travers la boue. De sangliers, le soleil nous transformait en insectes, tandis que les enfants babillaient et que les pierres roulaient sur l'informe sentier de notre clarification. Comme un beurre lyophilisé qui s'évaporerait avant de fondre (si ce sont de basses températures, quelles sont les hautes ?). De la marche des tribus, il n'y avait que des restes poudreux que nous recueillions à nos semelles devenues palpes, et à chacune de nos enjambées éclataient le yin et le yang des sauterelles à ailes rouges, des sauterelles à ailes bleues.

Nous arrivâmes au fond d'un vallon où un oued desséché nous avait laissé son souvenir, au pied d'éboulis qui, eux, coulaient de la falaise en abondance. Tout là-haut, sur le bord d'un trottoir de calcaire marneux, deux ou trois petites grottes s'ouvraient : les appartements, le palais des princes de l'œil et de la serre. S'ils avaient été en train de couver, ou si leurs petits eussent encore été au nid, les hiboux auraient eu tôt fait de nous crever le crâne de leurs huit poignards d'acier, mais là, trop conscients de leur dédaigneuse invulnérabilité, ils ne devaient faire que nous épier d'un perchoir camouflé à l'entour. Ils étaient là, quelque part, invisibles dans le chaos, tout près, et nous ne pouvions ni voir ni entendre leur évidence de pythie muette. Que nous auraient-ils dit ? Que nous allions tomber ? Nous le savions déjà, plantés à flanc de paroi comme des clous dans une planche qui se désagrège ou dans un paysage qui s'efface. La moisissure ou l'érosion nous auraient bien assez tôt rendus à la rouille.

Thierry nous prévint, tous les sens en éveil. Ils doivent être quelque part, là, maintenant, au-dessus ou à côté de nous, nous perçant du regard sans que l'on s'en doute, sans qu'on le sente. Ouvrons les yeux si nous voulons les conserver et entamons l'analogie, s'il en est, de ce mont de pierres et d'épineux. De plus belle, tout roule et dérape sous notre souffle raccourci par le vertige. Les membres et la voix tremblent. Les enfants n'ont pas encore conscience d'où ils vont et je m'inquiète de l'inconscience de ceux qui les amènent si haut. Aurions-nous dû si nous avions su ? La chute menace une petite fille qui commence à se plaindre. La chaleur tourbillonne au flanc du ravin comme pour protéger les hôtes sacrés du lieu. Allons-nous payer cette profanation inconsidérée ? Nos offrandes et notre émerveillement seront-ils suffisants pour nous excuser auprès des divinités ? Mon inquiétude est en train de se changer en angoisse tandis que je me débats à mi-pente.

Et soudain, d'un guerrier attardé en contrebas un cri s'élève :

— Regardez, regardez, il est là !

Sur notre gauche, à une dizaine de mètres, un grand albatros à la tête trop ronde, brun de silence, prend son essor, s'envole muet sans un froissement de plumes, sans un battement d'air. Forme énorme qui plane au-dessus des fourrés et s'éloigne. En quelques secondes, le grand-duc a contourné un éperon rocheux et n'est plus. Disparu. Volatilisé. Vision en fuite, imposante mais instantanée. A peine advenue que déjà passée. Femme qui se déshabille et s'éteint, le dieu nous a pris par surprise sans que nous ayons eu le temps de l'avaler, nous laissant seulement ses déchets et déjections à grappiller comme une onction. Nous continuons l'escalade alors que le sommet de notre recherche vient d'être atteint. C'est comme monter à vide, continuer de reste, s'appauvrir pour se combler. L'à-quoi-bon nous presse sa soif. Nous atteignons enfin le trottoir souillé, mais peut-être la femelle est-elle encore au nid.

Non, nous ne la verrons jamais. Plus décevante encore que le mâle. Nous voici donc abandonnés sur la corniche à fouiller dans les détritus à la recherche de quelques plumes ou de pelotes. Les rapaces comme tous les autres oiseaux, dégénérescences des grands reptiles, ne peuvent mâcher les proies qu'ils ingèrent. A charge pour le gésier musculeux de les broyer. Ils les avalent donc presque entières. Cependant, et contrairement aux granivores ou aux insectivores, leur nourriture de chair se voit mêlée à des os, des poils, de la peau qu'il est difficile de digérer. Leurs sucs ne sont pas aussi puissants que ceux, par exemple, du crocodile. Ils forment alors de tous ces éléments coriaces une boule, ou plus exactement une pelote plus ou moins ovoïde, qu'ils vomissent, stricte inversion du bol alimentaire. C'est par la présence de ces pelotes de déjections au sol qu'un nid de rapaces aisément se détecte, et si l'on en cherche un, il ne faut donc pas lever les yeux en l'air, mais bien les baisser vers la terre et l'inspecter soigneusement. On dit que c'est en regardant vers le ciel que nous devenons proprement humains, la station debout et le cou tendu dans une direction opposée à celle du héron. Suivant cette théorie, les mains battoirs ailés n'y seraient que pour très peu. On voit par là que de telles vues sont fort contestables.

Thierry et moi-même nous tenions maintenant à l'entrée de la cavité principale, tombeau plutôt que résidence, des plumes et des pelotes plein les mains et la bouche. Il m'invita à y pénétrer le premier, vu qu'il était encombré par son enfant sur le dos. J'obtempérai avec un petit pincement au cœur, ne pouvant que me soumettre aux ordres de l'initié, et me mis à ramper à quatre pattes dans la fiente. Cela sentait le démon et les mouches, mais l'hypogée était peu profond. Je m'attendais à chaque instant à voir une espèce d'ours emplumé me sauter au visage. C'eut été mon dernier film, ma dernière fontaine obscure. Au fond, pour tout joyau, je trouvai un lapin encore frais à demi dévoré. Thierry passant la tête dans l'ouverture me dit de le ramener à la lumière, ce que je refusai absolument. Jamais je n'irais toucher à la nourriture du dieu ; ma main s'en dessécherait presque aussitôt. Je ressortis du boyau comme soulagé de n'avoir pas eu à renaître, de me retrouver toujours le même, pauvre suant, le crâne souillé de guano et de duvets collés. Un autre me relaya et commit l'infâme sacrilège d'inspecter le garde-manger divin.

Je me demande vraiment parfois à quoi sert la curiosité, à qui elle rapporte. Est-ce que ça paye d'en savoir plus lorsqu'on sait déjà que rien ne changera, que l'irrémédiable chaos ne fera que perdurer et que l'imputrescible charogne continuera à se putréfier ? Prométhée ne peut être délivré et notre foie repousse même après notre mort. Seuls les fantômes n'ont pas de foie car eux s'en foutent. La consigne de certains monastères est de ne jamais lire, de ne surtout jamais rien apprendre, mais au contraire de se maintenir dans un abrutissement intellectuel crasse, de se limiter aux tâches les plus élémentaires, voire animales, et de prier, prier, prier sans cesse comme le font les congrégations de singes ou de chauves-souris pour être ainsi plus proches du divin qui s'étale sous nos couches mentales. Aller ainsi vers toujours plus d'épaisseur.

Je me demande aussi pourquoi je persiste à collectionner des plumes au point que j'en infecte même mon entourage, ma fille, mes amis. Une fois taillées, on peut certes écrire avec en les trempant dans un mélange d'eau, de sang, de suie, d'urine et de rouille, ce qui est bien utile en ces temps de pénurie. Mais cet aspect pratique n'explique pas totalement l'obsession. On pourra prétendre que j'espère trouver un jour une plume d'ange, mais je tends à croire que les anges ont tous des ailes de peau. Peut-être est-ce aussi une compensation à mon incapacité de voler, mais je n'ai, de ma vie, jamais, au grand jamais, fait un rêve de vol, et n'en ai aucune envie. Les avions sont trop brutaux, les hélicoptères insectes plus tentants. Sans doute la satisfaction d'en cueillir une vient-elle du fait qu'une fois de plus, il s'agit d'un aérien chu, d'un morceau de ciel tombé, d'une transcendance abolie. L'abstrait s'est réifié et cette idée à peine entrevue un instant dans le ciel de l'âme s'est dépouillée de quelque écaille qu'il est bon de tenir entre deux doigts, car au moins elle ne s'échappera plus dans ce putain de flux de conscience. Aux chiottes le spirituel ! Je m'en vais rasant le bitume en quête de tout ce qui rabaisse le tout.

Comment pourrait-on se nourrir de plumes,
Brouter ainsi les chutes d'oiseaux disparus ?
Pas à pas, nous en trouvons posées sur l'herbe
Alors que le ciel est vide et leur taille immense.
Caudales. Plus que des instruments,
Ce furent des traînes et des parures. Pertes
Que nous ramassons.
Certaines ont encore quelques bouts de chair rouge
Accrochés à leur penne
Et des vers rampent sur leur lice noire.
Rose sur jais. Souples. Feuilles
Que le pas de notre sabot écrase,
Casse, pivote, effeuille, laboure.

Échevelés de plumes.
Et c'en sont les gerbes de la terre
Que nous cueillons entre la langue et les dents
Et qu'abrutis nous levons d'un coup de garrot.
Plumes et bave.

L'archaïsme est pour moi une valeur fondamentale qui imprègne mes écrits. J'y vois une position initiale, une posture (une *stance*) comme dans les arts martiaux ou en escrime, qui permet de mieux porter ses coups, de mieux « délivrer » *(to deliver)* sa botte, son message, sans volonté didactique ou missionnaire, cela s'entend. Pourtant il s'agit bien plus que d'un rapport de forces, car délivrer annihile, parler tue tout autant celui qui parle que celui qui reçoit le message pour mieux y répondre après sa mort. La communication est affaire de fantômes. J'insiste sur ce mot « délivrer » ; le mot « message » importe moins. Il peut se perdre en mer, se brouiller sur les ondes, crachoter, suffoquer, s'effacer sur la pierre, bref, devenir indéchiffrable. En cela, l'archaïsme précède tout acte de communication.

J'avais noté il y a quelques années que je voulais me tenir sur les franges de la culture comme un montagnard laotien sur les marches de la civilisation chinoise. Vision à la fois historique et géographique, diachronique et synchronique. L'ultime vaguelette d'un acte déjà accompli, du caillou dans la mare. C'était alors me voir en bout de course, mais les bouts se rejoignent, les fins et les commencements se confondent et il n'y a rien de plus excitant qu'une pluie de graviers dans l'eau. Pourtant, les Lacandons, indigènes du Chiapas, parlent un dialecte maya et sont les directs descendants des constructeurs de Palenque, des penseurs du calendrier précolombien et d'une incroyable sophistication astronomique. Les petits Indiens chasseurs vêtus de toile écrue ont totalement oublié les réalisations architecturales et les conceptions mathématiques de leurs ancêtres, au point qu'on pourrait les prendre pour deux peuples distincts.

Il est surprenant de toucher ainsi du doigt la preuve que l'on peut faire un retour à l'archaïsme, qu'il est là, derrière ce buisson, coulant à portée de flèche. La flèche se retourne contre l'archer qui l'a tirée, et nous, dans nos bureaux, nous collectionnons des pointes de silex ou d'obsidienne de Palestine, du Mali ou du Mexique qui à tout moment peuvent sortir de leurs boîtes, de leurs tiroirs, s'élancer et percer nos doigts qui écrivent tant et si bien que nous n'arrivons plus à écrire, que nous ne savons plus écrire, que nous perdons même la connaissance de l'écriture, son souvenir, et que nous nous retrouvons hagards, égarés dans les rues, chargés du poids de nos certitudes sans plus savoir comment nous en libérer, nous en dégager, et les gens nous regardent avec une moue dédaigneuse et nous traitent d'« archaïques ».

Ce que j'apprécie dans l'archaïsme, c'est sa marque d'inachèvement, d'immaturité encore riche de possibles. L'archaïsme pourrait être un ratage, volontaire ou non, des prétentions de l'illusion mimétique. C'est bien ce que l'on peut voir si l'on observe la statuaire grecque, une *korê* ou un éphèbe archaïques dans leur rapport au grand art classique. Il est amusant de noter que l'on oppose souvent la raideur des premiers dans le rendu des drapés, de la musculature, à la souplesse du second, plus « naturel », plus proche du « vivant ».

Mais la représentation presque parfaite du vivant, n'est-ce pas l'achèvement, et donc la mort du processus, de l'acte vivant lui-même ? Il y a une charge érotique intense dans l'art archaïque car il n'a pas encore achevé sa course. On est encore dans l'initiation, le balbutiement, le préambule, l'expérimentation tâtonnante ou la recherche. Si, dans un temps premier, il y a un camp à choisir, une tranchée dans laquelle se tapir, se soulager et s'assouvir rongé par les poux, alors je l'ai choisi.

L'archaïsme, c'est un « avant », ou pour mieux dire un « avent » (*adventus* : « arrivée, venue »). *To come* en argot anglais veut dire « éjaculer ». Julia Kristeva dans *Pouvoirs de l'horreur* décrit l'abject « comme la sublimation [...] la plus *archaïque* d'un “objet” encore inséparable des pulsions ». Le classicisme n'a-t-il jamais fait que tenter de séparer « l'objet » des pulsions du sujet ? Et si nous voulons nous maintenir dans l'archaïsme, il nous faut donc prier pour que jamais la naissance ne s'achève.

Cet inachèvement reconnu avec un petit sourire gêné expliquerait cet air de candeur qui émane de toute œuvre archaïque. Un peu comme l'enfant ment en croyant que les adultes ne mentent pas parce qu'ils lui ont dit qu'ils ne le faisaient pas, et voilà qu'il est découvert et que son nez s'allonge, nous offrant la figure archaïque d'un pantin de bois brut et fruste. Alors « archaïque » équivaudrait à « naïf » aux deux sens du terme : « natif » et « niais », ce qui en expliquerait tout le charme. Il est donc certain que ce que nous croyons ancien est jeune en fait, et que toute image archaïque nous attire comme le fait la bouille d'un gosse, nous pousse au chérissement. L'archaïsme finit par s'apparenter à tout ce qui englobe la naissance du texte, son utérus, son placenta, ce qui le fait advenir et le domine, tout ce que nous avions préparé en prévision, dont nous ne nous étions pas servi et que nous hésitons encore à jeter à la poubelle.

Mais je cause, je cause, je bavarde en oubliant que je vous avais laissé suspendu au milieu d'une falaise en train de déplorer la disparition d'un hibou. On a bien fini par en descendre, des éboulis, mais avec quelques difficultés et précautions qu'il serait trop long de vous raconter ici. Nous avons laissé sur la corniche des gâteaux de riz arrosés d'un peu de sang prépuciel, des bâtons d'encens, des rognures d'ongle, des mèches de cheveux puériles et deux souris mortes en espérant que cela suffirait à nous faire pardonner notre intrusion. Ces hiboux d'Aix et de Notting Hill, ne sont-ils pas là pour nous montrer que l'illusion naturelle seule existe, et que c'est donc elle qu'il nous faut croire, en elle qu'il nous faut nous confier, qu'elle seule ne disparaîtra pas en un clin d'œil, à notre nez et à notre barbe de masque tragi-comique dans le temps qu'il faut pour le dire ? Contrairement au réel, l'illusion naturelle est là pour rester. Elle seule par sa stabilité en toute confiance nous distrait, nous engrosse et nous rassure dans l'instabilité de notre participation au monde.

CHASSE AUX INSECTES

Il y eut un jour le lustre d'une mite collée au plafond de la salle de bain, et le sentiment que dans mon désir pour cette phalène résidait une résistance à cette loi inéluctable liant création et destruction, procréation et désintégration, libido et instinct de mort. *« Is the dash for gas common sense or flaming madness ? »* (« La ruée vers le gaz est-elle raisonnable ou folie enflammée ? »). René Char définit la poésie comme une « connaissance productive du réel ». Que Kali soit ma déesse ; il me faut la nourrir.

Je passai un été instable, le filet à papillon en main, perché sur des rocs éboulés couverts de mousse aux franges du courant, essayant d'attraper des demoiselles *Agrion virgo* que j'asphyxiais dans un bocal contenant un coton imbibé de gin. Prises d'ivresse dans leurs affres éthyliques, les frottements battements cartonnés flexibles transparents de leurs ailes irisées raisonnaient et les promeneurs se demandaient : « Que transporte-t-il donc dans ce sac en plastique ? ».

Je sentais aussi à part l'alcool que ces insectes détenaient la clef d'une alternance entre la nuit et le jour, la lumière, énergie divine en soi, et l'obscurité de ces corps ayant trop dansé, condensés de matière ; qu'en eux s'opérait le graduel passage de l'une à l'autre sans rupture d'essence, telle celle étalant son film atomique à la surface d'une eau polluée. J'admirais la luciole tranquillement posée, point ultime d'indécision ne se connaissant plus ni matière, ni énergie, se consumant toujours hélas en vue de procréer. Comment s'en sortir ? Demande-t-on à la marée pourquoi elle monte ou descend ?

Une vieille exaltation : je suis dans un train de banlieue, ligne de chemins de fer urbaine surélevée. Le soir tombe ou c'est déjà la nuit. Un reste, une trace bleutée et quelques jeunes étoiles dans le ciel. Partout les lumières des blocs et pavillons s'allument. Une étendue colonie madrépore, zone urbaine d'âmes et de vies qui se calment, se préparant au sommeil, rythmes ralentis. L'immensité humaine que je domine à peine sans pour autant la connaître, qui se traverse mais semble infinie. J'ai éprouvé ce sentiment à Paris, au Caire, à Tokyo, à Marseille et maintenant à Londres. Je n'y suis rien, anonyme mais confortable et pourtant heureux d'être libre parmi mes semblables, mes frères et sœurs compagnons d'infortune. *Fellow-sufferer. Indipetae*, ceux qui vivent dans l'attente de l'Inde. Aller en Inde pour détruire et reconstruire. Détruire et reconstruire. Détruire et reconstruire.

Et comme c'est étrange cette aimantation, cette attirance, ce désir pour ce lieu qui n'est pas, qui n'existe finalement pas, du sexe féminin la semblance métaphore. Voyage à travers l'humanité banlieusarde vers cette campagne farouche invisible ; une touffe de laine de verre entre les jambes de la déesse géante allongée, Bouddha femelle ensommeillée aux pensées dans le vague là-bas aux limites de l'île, le bout de la ligne, la banlieue sans fin et l'illusion de la femme, de ces fées, muses, nymphes, dryades, hamadryades, représentantes ensachées qui l'habitent. A épingler de tous mes yeux fatigués dans ce couchant car… Ne suis qu'une boîte vitrée, chambre obscure en chasse qui se trimbale dans ce train secoué.

Dans le Ramesseum à Thèbes le midi, il y a une boîte de pierre qui ne s'atteint qu'au bout d'une multiplicité de couloirs, simple labyrinthe, et au plafond de cette boîte dont le sol se foule de sable fin, il y a un trou étroit rectangle qui laisse pénétrer la lumière solide : une barre d'or laser vertical s'enfonçant dans le noir du sépulcre. La poussière y danse infimes éphémères argentés que l'on repousse du doigt. Car le doigt y pénètre comme en une autre dimension et reste là fumant doré sans plus nous appartenir : présence du dieu-roi non pas oiseau posé sur notre parcelle de membre, mais l'enveloppant d'un gant d'essence tandis que les voix des autres touristes résonnent poudres lointaines.

Voici que l'Égypte nous forme la vue à facettes d'insecte suivant la direction de ce doigt déictique pointé vers le mystère. Et si un jour l'on sortait, déviait du chemin index de lumière, reniait, oubliait, on se verrait aussitôt condamné et jeté au sort comme un parricide romain cousu enfermé dans un sac de cuir informe avec quelques animaux : chien, chat, rat, corbeau, belette, livré à l'eau limoneuse du fleuve, s'enfonçant sous la dent, le bec et la griffe d'un affolement noyé. Du cube à la sphère, de ces entrailles aux autres, je vous salue Isis, mère du dieu, Nil de misère, qu'aucun combustible fossile ne réveille. Une couche de bitume sur les yeux recouvre nos prières.

Essayant de me persuader qu'il y en a hibernant emmitouflés par groupes sous quelques pierres (en particulier des coccinelles), je cherche la cache vêtu aux couleurs d'un papillon de nuit.

Chasser les insectes qui grouillent partout
Mais qu'on ne peut atteindre parce que cloîtré
Dans notre froid. Prendre de nouvelles mesures
Et tendre un fil rouge à nœud sur lequel
Les thysanoures poissons d'argent courent.

Tant d'aventures prirent source au monastère
De Shao Lin, boîte à germination d'où pourtant
Les jambes du Dharma pourrirent.
Ce qui est mobile, bien t'en semble.
Ce qui est immobile, ça fourmille, non ?

(« Chasse aux insectes » dédiée à Fabre et Pagnol, ces grands Provençaux dont les feuilles caduques…

> Dès qu'on suspendait la lampe-tempête à sa branche, elle était entourée d'un vol de papillons charnus dont les ombres dansaient sur la nappe. Brûlés, ils tombaient tout cuits dans nos assiettes…)

Les insectes ont une longue histoire que leurs quatre ou cinq millions d'espèces, sans compter les individus, nous racontent. Et même en dépit du fait que certains sont sociables, ils n'en restent pas moins tout à fait remarquables. Kafka, tout le monde le sait, ne s'est métamorphosé que pour extérioriser un sentiment qui nous est à tous commun : l'enflure de la carapace. Au point que celle-là, dépassant vite les limites extrêmes des parois de notre chambre, se met à englober le monde qui nous entoure sans plus vraiment se rendre compte que nous ne pouvons plus suivre, que notre pulpe dilatée à l'excès n'arrive pas à se tenir là où l'on n'est pas, ce qui provoque des vides, des espaces faux-plafonds rapidement peuplés de parasites démangeurs.

Imaginons un parapluie assez vaste pour qu'une fois renversé, il recouvre la surface inférieure d'un chêne, d'un hêtre ou d'un pin à demi déraciné. Armons-nous de la loupe de Sherlock Holmes et couchons-nous dans ce berceau improvisé comme dans l'attente de notre seconde naissance, de l'ouverture de notre troisième œil magnifié par le verre grossissant. Sous l'effet d'un anesthésiant temporaire répandu dans le feuillage et sous l'écorce, une infinité de créatures nous pleuvra dans les yeux et nous serons bientôt immergés dans un bain crissant d'élytres, de pattes, d'antennes lentement agitées et d'yeux à facettes reflétant un chaos prismatique. Que l'on disperse un plus puissant insecticide et il nous sera alors très difficile de nous relever, devenus prisonniers d'un amas d'insectes mouvants. L'on retrouvera notre corps quelques milliers d'années plus tard, sec, intact, presque fossilisé dans sa gangue de chitine, une tourbière de punaises, de mouches, d'araignées, de papillons de nuit, de perce-oreille, de guêpes… Chasse aux insectes, ou de l'entomologie considérée comme un art martial.

Lorsqu'on descend des collines à la fin d'une journée de marche et que l'on se met à cueillir ou recueillir en nombre, avec un sens considérable du sacré de la chose, des chrysalides vides de cigales, c'est comme si l'on se sentait lavé, détaché, mué en l'espace aéré contenu par la légère enveloppe, et notre peau ce transparent tambour solaire qui résonne comme la feuille morte d'un manuscrit copte au Caire.

Les insectes frais, neufs, brillants, encore humides des sucs de leur mère, se sont envolés vers les épineux soudain sonorisés et nous conserverons dans notre paume en coupe leurs restes telles les braises d'un feu primitif que nous serions incapables de rallumer.

Il faudra attendre trois ans,
Se nourrir de racines et de vers
Dans l'obscurité du terreau.

Sont-ils dans la tombe les enfants encore non nés ? Ne sont-ils pas comme morts ceux qui n'ont ouvert ni narines ni oreilles, ni défroissé leurs ailes membraneuses et lancé leurs ultrasons vers l'absente lumière ? Le régime insectivore est plutôt pauvre en protéines et requiert le déploiement d'une activité constante,

Fébrile, fulgurante dans la lenteur :
Fourmilier, caméléon, hirondelle.
L'entomologie, un saignement noir
Entre chlorophylle et hémoglobine,
Un goût amer, la mouche écrasée
Contre le palais du chanteur.

Il s'agit d'ériger notre estomac en une châsse translucide, presque une vitrine dans laquelle on conserverait entre autres espèces ces coléoptères lumineux du Mexique, et notre poitrine en ces fines cages de bambous dans lesquelles les Asiatiques tiennent un grillon captif qui les enchante, les diminue, les bride dans le subtil foyer de leur millénaire culture ; notre corps entier livré à leur grouillement deviendrait cette fois une arche les protégeant des déluges du seul sens que nous ayons en propre, ce fluide signifiant qui nous envahit, que nous haïssons et dont les insectes peuvent peut-être nous préserver, eux uniquement mus par des senteurs chimiques, des chromosomes, des enzymes, des formes colorées

(Bouddha, cétoine : dévotion).

*

Lorsque vous avez pu saisir leur dimension et réaliser que leur squelette externe joue le nombre contre la taille, ils forment un zodiaque dominateur qui règne sur votre naissance, vos actes, vos humeurs, qui dirige vos rencontres et vos crimes.

Voici la mante dévoreuse sextupède qui s'avance ingérant les obstacles sexuels ou autres. Voici le scarabée rouleur de bouses, éleveur de soleils, qui recule cul par-dessus tête nous montrant l'évolution à rebours d'un darwinisme scatologique tandis que « le cucurlionide larin-ours s'établit sur les corymbes des carlines » et y siège tel un archonte ; l'arlequin de Colombie dont les tarses antérieurs développés à l'excès savent si bien trier les poudres blanches, les expédier dans une canule en direction de nos narines pour nous entraîner dans des débordements d'activités toujours très appréciés de nos banquiers ; le petit scorpion jaune de Montpellier que nous persisterons à traiter d'insecte et non de crabe ou de cancer suivant le même bon principe qui nous fait souscrire à l'immortalité de l'âme et dont l'inestimable utilité, ses facultés destructrices et autodestructrices, sont bien connues de l'auteur.

Voilà l'infime inflammation rougeâtre de la gale-sarcopte – une autre égarée – qui creuse ses canaux entre deux peaux, fait enfler nos membres disjoints au point qu'on les prendrait pour des corps entiers, célestes, et le tout, nous-mêmes, une étoile de mer ou un satellite turgescent ; la volucelle, mouche jaune et noir imitatrice de la guêpe, et le sphex, guêpe parasite des mouches ; le flambé, prince élégant de nos forêts dévorées par les incendies estivaux qui nargue et taquine les fleurs affamées ; les moustiques légionnaires dont les armées firent perdre tant de bataille à la Rome antique ; les chenilles processionnaires dont la douce religion s'est répandue d'un continent à l'autre et qui compte maintenant un nombre infini d'adeptes par groupes engoncés dans leurs cocons de soie grège. Voilà la courtilière enfin, l'extraordinaire du jamais vu, dont le savoir, l'expérience, l'intelligence et les capacités d'adaptation en font le digne hôte de notre cerveau dans lequel toujours plus elle creuse, pétrit, malaxe la virginale pâte de notre caractère, de nos vices, nous transformant en émules d'un Ganesha ou d'un Tlaloc, et qu'il nous faudra bien adorer comme la déité majeure d'un panthéon cruel mais juste.

Car bien nous les faut combattre,
Ces créatures envahissantes qui craquent
Sous les talons ou entre les paumes,
Laissant une tache de sang noir
Si c'est le leur, rouge si c'est le nôtre
Par les plus extraordinaires piqûres,
Transvasements, rongements, expropriations.

La nuit, le carabe doré vient nous mâchonner la langue et au réveil, pris entre panique et soulagement, nous découvrons que nous ne pouvons plus parler.

Si nous les laissions faire, nous serions vite transformés en orants, prêtres et prêtresses chauves agenouillés, pèlerins du miel et de la soie dressant des autels à la termite comme les Égyptiens le firent au crocodile. Mais il faut donner force de loi à la justice vertébrée, taper du poing sur la table, refuser les errements et grouillements d'une engeance certes articulée, mais si peu philosophe qu'elle n'a jamais engendré d'Aristote ou de Descartes, de Luther ou de Freud. Sans oublier que, pour les insectes, la croissance est des plus brutales, avec de longs laps d'un temps amnésique où presque rien ne se passe sinon la déliquescence des organes internes, la liquéfaction de toute pensée organisée, le gel de toute volonté motrice. Et soudain une floraison de cellules et d'écorces qui nous fait considérer l'alternance des régressions-développements plus comme un escalier d'Escher que comme une spirale dans laquelle la personnalité s'affirmerait…

Et au bout du chemin la ponte de quelques œufs au creux d'une feuille, abandonnés sitôt déposés à l'Assistance Sociale de notre mère Nature, l'effritement toujours primaire, la déchirure de nos ailes de papier, l'essoufflement spasmodique et les palpitations de notre abdomen cendré, la vague satisfaction du devoir accompli et l'espoir rougeoyant encore plus vague de revivre chromosomiquement à perpétuité dans une progéniture ingrate qui ignore tout du culte des ancêtres. Autant en emporte les fourmis !

Japon : une musique irréductible
Histoire Yachiyo Jishi :
« Danse des siècles nombreux »
Où le koto déroule sa mélancolie de cuivre,
Où une femme-grillon vibre
En une gorge très longue, très étroite et très rude,
Où le sakuhachi sifflet lancine.

Irréductible
Parce que se développant cloîtré,
Tentant de s'arracher à soi-même,
A sa propre ligne mélodique,
Et retournant invariablement,
Irréductiblement
A ses racines, ce corps cendré,
Son champ de terre volcanique.

Irréductible :
Qui ne peut être simplifié.
Pourquoi ? Couper la tête aux étrangers.

Autour de Noël, les insectes ont presque disparu, se sont intégrés à la masse environnante, ont diminué, ont en tout cas rétréci. Seuls subsistent dans le jardin quelques moucherons qui font du surplace, pathétiques fantômes d'un nuage qui fut assaillant, conquérant, recouvrant tout de son inextinguible furie. Certainement à ce moment précis, il est des larves microscopiques en train de mâchonner la laine de mes manches. D'autres font de même avec la plume de mes oreillers, les branchages invertis de mes poumons. Dans le sol, leur grouillement immobile ronge les racines, attentifs aux tremblements, expectant. On pourrait croire que chez la larve tout est attente, engraissement eschatologique, mais son identité seule pourrait se dispenser d'une métamorphose, faire l'économie de la reproduction si son métabolisme acceptait l'idée de la disparition. Le Verbe est là, chenille qui mâche et s'enfle. La pensée annelée enfile causes et effets comme un collier de verroterie bicolore, pompant les sucs avec patience.

Autour de Noël, les cadeaux ont repoussé la gent insecte aux franges du réel, derrière les rideaux et sous les tapis. On ne sort plus guère. On les regarde dans les boîtes, rayonnants d'épingles, tachés de colle, en se remémorant l'époque où ils jouaient un air de jazz dans les buissons, nous éclaboussaient les pieds ou tombaient le soir dans la soupière sous le mûrier. C'est que pour la plupart petits et noirs, ils sont bien les antonymes de la fête enguirlandée. Bien étranges cadeaux que la nature nous a offerts pour mieux nous dépouiller. Les fourmis nous pillent, la cigale nous harcèle, et quand la bise fut venue, elles nous laissent toutes tomber, meurent ou s'enterrent, nous privant pour de longs mois de chair et de peau, de tympans, de langue et d'yeux. Il ne nous reste rien qu'une ossature avec laquelle on pourrait à la rigueur faire du bouillon. On se retrouve désœuvré, les mains dans les poches derrière les vitres d'une armoire dans la remise de la classe de bio, avec les crânes de cheval et de crocodile, les squelettes de chat, de grenouille et de lapin, la dent d'éléphant, l'œuf d'autruche, les coquillages, les tests d'oursins, le brochet et l'écureuil empaillés, les bocaux pleins de serpents, d'axolotls, d'embryons, de ténias formolés.

Les arthropodes nous sont donnés pour pouvoir oublier que nous avons un estomac, des intestins, un foie, pour pouvoir regarder notre ventre en faisant abstraction des viscères qui s'y trouvent. Des fourmis dans les jambes, des papillons dans les yeux lorsqu'on les ferme, dans l'estomac lorsqu'on a peur. Des araignées tissant leurs toiles dans notre crâne et nos orbites. Que nous reste-t-il ? Oui, de bien étranges cadeaux que la nature nous fait là.

(Il croyait que Dieu était un chat)

L'aisance du démembrement
Lorsque d'autres créatures en pleine floraison
Me font vivre sans que je sois, en moi.

Monter jusqu'à ce que la viande dans l'air pur
Ne se putréfie plus mais se boucane.
Il y a plus de barbarité à manger
Un homme vivant qu'un homme mort.

Parte opera di natura
E parte opera di artificio,

D'un « style rustique » baignant
Dans l'océan du silence inorganisé,
L'Anhad, le monde en son origine ;

Qu'un être purement matériel pense
Ou non, s'il se lève pour parler
Inspiré par esprit ou par folie,
Nous ne pouvons savoir
Et dans le doute nous écoutons.

Préternaturelle, la création
Attend elle aussi d'être délivrée
De la servitude et de la corruption.

Esprit abdomen écrasé d'araignée
Filant sa vision octuple pour l'insecte lecteur.
Mais la main de Dieu par inadvertance détruit
Tout en cultivant son jardin les mauvaises herbes.
Dissoudre le nom des choses, chercher
A prendre Léviathan à l'hameçon,
Adorer comme Aaron le Veau d'or
Parce qu'il n'y a que lui qui brille et mugit
Dans la vallée et qu'il pleut sans discontinuer.

Orphée apporte sur un plateau
Les pièces de son corps muet.

(N'ai-je pas rêvé que six ou sept
Coléoptères énormes, marron et luisants,
Se pressaient sur un fruit pourri
Et qu'il me fallait choisir le plus gros ?)

Une intense irritation comme un prurit
Nous fera toujours recommencer, reprendre
Le chemin vers l'Etna, ce pont sicilien

Entre les genres d'un mauvais genre.
Y manque la présence critiqueront les uns.
Il y en a trop critiqueront les autres.

Ne faire que jouer à Pline l'Ancien
(Il suffoque sur la plage,

Son bateau de pierres ponces se charge).

Comment pourrait-on gravir et se tenir
Au sommet d'une montagne qui explose ?
Pour finir sulfureux dans son cratère

Ou sparagmos *dispersé dans les hauteurs ?*
Mieux vaut encore le fleuve et ses affluents
Influentes femelles les flux du sang.

London Zoo

Le zoo est comme tant d'autres une espèce en voie de disparition. Il y avait autrefois dans celui de Londres un bâtiment un peu retiré qui abritait au premier étage l'*Insect-Hall*, sorte de longue maison dayak au couloir central bordé de cellules-vitrines. Nous nous y promenions dans la semi-pénombre comme une foule de fantômes embouteillés, curieux badauds sur les bords du Styx. Nos visages blêmes un peu hagards traduisaient notre incompréhension face à ce spectacle sans scénario, aux acteurs désinvestis refusant tout cabotinage de fiction. Des scénettes épiques y étaient représentées sans queue ni tête, offrant une marquèterie d'événements désagrégés livrés à la Providence, et nous aurions été bien en peine d'y déceler un fil narratif cohérent, une unité d'ensemble autre que le vague écosystème annoncé par le titre de l'édifice. Et même cela était encore des plus douteux, vu que quelques batraciens, crustacés ou reptiles n'avaient pas hésité à se mêler à la cohorte des pensionnaires attitrés.

Le pire dans cet hypogée d'arthropodes était sa brièveté qui nous obligeait à revenir très vite sur nos pas avec un certain sentiment d'insatisfaction et l'impression désagréable de n'avoir pas tout vu, de n'avoir pas visité l'enfer jusqu'au fond. Un grand courant d'air frais nous accueillait à la sortie. De l'autre côté, au-delà des doubles portes battantes, Christ nous attendait et la perspective en était d'autant plus terne. Pourtant, des visions chromographiques se maintenaient longtemps suspendues devant nos yeux et cela continuait à grésiller dans nos oreilles. Fallait-il y retourner au risque de perdre une fois de plus le sens de nos illusions, la confortable romance de notre existence ? La vie sous les néons de ces terrariums était si tentante, Lilliput sans Gulliver, équilibre artificiel permanent, déresponsabilisation vitrée, miniature copie d'enfance. En général, la réponse était négative.

(Entre deux plaques de plastique mastiquées, la douzaine de fourmis sans reine que j'avais capturées creusaient le sable en pure perte, perpétuant des mécanismes à vide jusqu'à ce que le tout s'effondre par moi secoué.)

Dès l'entrée, nous nous élancions sur la gauche, ce cœur néfaste, vers un archipel d'îles graveleuses jonchées de branchages et de déchets variés : tranches de tomates, pommes pourries, souris mortes. C'était la grande cité des fourmis rouges. On découvrait les os ensuite. Plus d'un employé du zoo y avait laissé sa peau et même Tarzan n'aurait pu s'échapper d'une liane à l'autre. La lave grouillante avait nettoyé des carcasses entières et l'on pouvait se demander comment les responsables se débrouillaient pour la maintenir dans des limites aussi étroites. Des fosses emplis de pétrole contre-feu encerclaient peut-être son domaine.

(Une autre fois, j'avais passé l'après-midi couché ventre à terre sur la terrasse assistant à la guerre entre deux tribus ennemies. La bataille dura plusieurs heures. Les assaillants et les défenseurs, les noires et les brunes, étaient en nombre sensiblement égal, de forces tout aussi égales et les combats singuliers finissaient immanquablement par la mort des deux adversaires : Étéocle et Polynice, mirmidons tranchés en plusieurs tronçons toujours mordant. La guerre civile remplissait son rôle de purge innommable à moins que des commandos spécialement entraînés ne pillent les écuries d'esclaves derrière les lignes de l'Érèbe sans que j'en sois averti.

Beaucoup plus jeune encore, je concentrais les rayons d'une loupe – ne l'avons-nous pas tous fait ? – sur des victimes expiatoires dans l'espoir bien illusoire de protéger les paquets de sucre de ma grand-mère. La sacrifiée se recroquevillait dans la seconde pour former un minuscule copeau, scorie de fer noir fumant son acide formique évaporé sous le feu du ciel. J'essayais d'entendre l'infime grésillement, n'y arrivais pas, recommençais. La nature me fournissait du combustible à foison et une source d'énergie inépuisable. J'avais le temps. Tout l'été. Toute l'enfance. Je me trimbalais Zeus Pyroclastique avec ma loupe, intermédiaire cyclopéen entre les règnes du feu et de la terre. Je détruisais et renvoyais la balle de ma jeunesse comme une sonde file vers le soleil pour s'y éteindre. Ce qu'elle fit.)

Puis sans transition on passait à la vitre suivante, mal éclairée, qui exposait comme à fleur d'eau une plaine rocailleuse semi-désertique peuplée à l'horizon de quelques gazelles, de zèbres, d'épineux et d'un soleil prêt à disparaître, tout cela peint en trompe-l'œil sur un panneau en carton. Sur le sol, sous les pierres et dans le double fond, de petites créatures noirâtres ébouriffées chantaient. C'était la cage aux grillons. On entendait vaguement leurs *cricris* venir de très loin formant chorus : une réunion d'anachorètes, de moines égarés capturés lors d'un pèlerinage, prisonniers dans un camp des confins de l'empire, psalmodiaient humblement leurs prières. C'était triste à en pleurer. N'aurait-on pas pu au moins leur fournir un buisson, des feuillages derrière lesquels ils auraient caché leur pudeur lorsqu'ils se trouvaient pressés par quelque besogne liturgique ? Au lieu de cela, on les nourrissait de vers de farine alors qu'ils étaient strictement végétariens et il fallait qu'ils patientent exilés là jusqu'à la fin de la visite ou le bon vouloir de l'empereur, dans ce purgatoire crépusculaire, avant-goût d'un univers toujours plus concentrationnaire car le cercle suivant serait celui des locustes, d'Égypte la huitième Plaie.

Là, la vision éblouie par une mitraille de flashes ne pouvait se reposer tant il en bondissait et rebondissait partout en foule électrifiée sous les feux de la rampe. Pendues en grappes au plafond-grillage, tombant, giclant, se cognant aux vitres, aux parois, aux branches dénudées mais revêtues de gaines en perpétuelle agitation, déformation et reformation, s'entrechoquant, s'entre-dévorant, les sauterelles sans relâche sautaient comme du pop-corn sur un brasier et l'on était pris de vertiges, d'étourdissements, de nausées à la vue de ce spectacle débridé, de ces atomes d'idées réagissant en chaînes et développant une énergie nucléaire confinée qui allait bientôt tout faire exploser dans la baraque, la centrale animalière et nous avec. Il valait mieux foutre le camp et vite, emportant, nous le savions, des images-clichés qui irradieraient longtemps nos nuits et provoqueraient peut-être d'imprévisibles mutations.

Plus tard, à bout de souffle, nous pensions trouver un peu de paix en nous arrêtant sous l'auvent d'une case indigène, sans doute amazonienne, un village abandonné récemment par un groupe de chasseurs semi-nomades. Quelques pots de terre cuite ébréchés décorés de motifs ocres et noirs, des flèches oubliées en train de rouiller, les reliefs moisis d'un repas, un hamac troué dans lequel nous pourrions nous reposer avant de reprendre le cours de notre périple en ouvrant une parenthèse nostalgique sur l'âge d'or des primitifs, la société contre l'État, les mythes du bon sauvage qui passe son temps à se curer les ongles avec des pointes enduites de curare et à s'envoyer des doses d'hallucinogènes à coups de sarbacane dans les narines.

Nous nous allongeons, nous croisant les mains derrière la tête, écoutant les moustiques se plaindre de nos fumigations, observant le vol des chauve-souris qui patinent sur le disque de la pleine lune. Nous commençons à nous détendre. Et tout à coup nous sentons quelque chose de velu nous chatouiller le coude. Pris d'une légère appréhension, nous n'osons faire un mouvement brusque pour voir ce qui nous remonte le bras. En nous tordant lentement le cou et en nous dévissant la cornée, nous arrivons à lire l'étiquette collée sur le pressoir pour les visiteurs : « Mygale veuve noire. Mortelle. » De surprise nous sursautons, perdons l'équilibre, crions, tombons. Elle nous mord. J'en passe et des meilleures.

Interview de l'insecte femelle à perruque rousse

— Pourquoi as-tu deux seins ?

— Pour mieux imprimer tes deux yeux
Sur la plaque de ma poitrine
Et qu'ils y restent gravés.

— Pourquoi te penches-tu en avant ?

— Pour mieux qu'ils pendent au-dessus de ton cou
Et qu'ils t'empêchent d'avaler, de déglutir
Ta salive, que tu sentes dans ta gorge
Ces deux gourdes qui te refuseraient.

— Pourquoi écartes-tu les jambes ?

— Pour que cette falaise te donne le vertige
Puisque tu n'y pourras voir
Que la mousse du vide.

— Pourquoi me tournes-tu le dos
Et t'éloignes-tu d'une démarche enceinte ?

— Pour que tu admires ma croupe voilée,
Les boucles de ma crinière qui la surplombe,
Et que tu me suives dans mon antre

Qui n'est nulle part ailleurs qu'ici.
C'est pour cela que je m'arrête et t'attends
Le dos toujours tourné, les mandibules en suspens,
Mais les antennes inquisitrices pointées
Sur ce trottoir du hasard mal famé.

— *Pourquoi baisses-tu les yeux et me refuses-tu*
Un regard, un sourire, un mot prostitué ?

— *Parce que tu y verrais le blanc de mes dents*
Palatales et recevrais mon savoir rétinien,
Ma volonté qui se paye ta tête
Comme Salomé s'acheta Hérode
Par un strip-tease dévorateur de feuilles,

Toutes celles que tu voudrais voir tomber
De l'arbre du vouloir et des générations.

— *A quoi ça sert de te voir danser ?*

— *A y perdre ta tête de saint Jean Baptiseur,*
Pape parrain d'une goutte frontale suée
Sur le dos des livres et des écrans
En plein milieu du désert.

— *Pourquoi me surplombes-tu, crabe-araignée ?*

— *Pour que tu puisses voir ma face ventrale*
La plus fine et la plus fragile
Translucide et palpitante mais si haute,
Que tu puisses mesurer ainsi ta petitesse,
Miniature nanifiée, bousier envasé
Dans le limon stercoral de mes excréments...
Et aussi pour te protéger
De cette grêle météorite qui troue
Tout ce qui essaye d'exister sur cette planète,
Qu'on puisse enfin admirer la blancheur
Encore ivoirine de ton corps décérébré
Dont les membres s'étalent à n'en plus finir
Étoile ophiure sur fond marin du sentiment,
La fosse dont je suis le ciel miroitant.

— Pourquoi ne me dis-tu pas ton nom ?

— Parce que tu ne peux me posséder.
Tu vis trop au sud. Tu crains trop le froid.
Tu ne peux me séduire, me soulever les jupes
Qui sont comme une chape, un manteau de fonte
Posé sur ma cheminée éteinte ensuifée.
Tu n'es pas ramoneur, ni criquet, ni chaloupe,
Encore moins ton propre père Noël.
Tu ne sais pas battre le briquet de tes pieds.
Tu as perdu ta violence sous une ponte
Et ce que tu transgresses le fourgues dans des boîtes,
Le donnes à bouffer aux mites.
Qu'aurais-je à foutre de ton foutre ?

— Essayes-tu de me faire comprendre quelque chose
A travers cette frustration et ce manque de confiance
Dont tu me gratifies et qui m'oppresse ?

— Que respirer par l'anus n'est pas banal
Et qu'il faut un rectum suffisamment musclé
Pour aspirer et rejeter l'eau alternativement,
Expurger des branchies duodénales le sel
Caustique des larmes heureusement filtrées.

(Fourmi-lion de conscience.)

L'ange

Un jour sur mon bureau, une sorte de longicorne *Acrocinus longimanus* trempa ses pattes dans une tache d'encre et se mit à parcourir patiemment la carte du monde qui y était étalée. Il traversa le vieux continent d'est en ouest (alors que je le faisais plutôt couramment d'ouest en est), d'un jardin de sable zen rectangulaire Rio-Anji aux quinze pierres dispersées dont toujours une manquait, à un cercle de pierres cromlech à demi effondrées : Stonehenge et sa couronne tumulaire. L'ancien cœur double, les deux ventricules des îles aux deux extrémités de ce que nous sommes, se remit soudain à battre et une voix de prêche s'éleva sous la voûte résonnante :

— Celui qui pourra suivre les traces encrées de ce longicorne abolira sa dualité corps-esprit car cet insecte lui enseignera que l'Imagination n'est que l'expression du corps en esprit.

Image unifiante, image unissante, image réunion sur la carte de l'infini. C'est là le bonheur de la case qui regarde en jouant des mains. « Il n'est rien, dit l'aragne, aux cases qui me plaise » : douce illusion à laquelle nous sommes soumis. On se connaît si peu que l'on se choisit presque systématiquement le pire, mais dans l'erreur ne faut-il pas s'aventurer, expérimenter, persévérer dans l'ordre du chaos afin de vivre sur ses limites et de se retrouver ensuite face au blanc central de la carte ? Toutes les théories ne sont que fictions. Le champ est immense et souvent je le confonds avec le chant. Dyslexie : je mélange les écritures et les âges, me prends pour un enfant.

Il y a des sens passifs liés au cortex récepteur. En général ils sont cinq. Et il y a des sens actifs liés au cortex moteur : ce sont la Vue, l'Ouïe et la Langue. Ceux-là projettent au lieu de recevoir. Leurs outils : l'image, le son, le mot. « Si j'étais peintre... », « Si j'étais musicien... », « Si j'étais écrivain... » ; jouer à l'être ; triangulation pour arriver à un paysage absolu, celui de l'imagination créatrice. Tout cela n'a aucun sens, je vous l'accorde bien volontiers. La fusion corps-esprit, l'abolition de la dualité, etc. C'est ce que cette triple fragmentation apporte : la fusion du duel, du combat, des conneries ! C'est pour cela que vous parlez de minéral et de végétal, d'éternel et de temporel, de mort et de vivant, de liquide et de solide, de mâle et de femelle, de froid et de chaud, et que vous les unissez, vous l'anonyme photographe, par un transfert, un conduit pour l'œuvre comme Cézanne l'a fait de l'air et de la pierre, de la lumière et de l'ombre. Nous y arriverons. A vous tous je dis : « Nous y arriverons ! » Dans l'éboulis des consciences... Et nous dirons : « C'était le champ ! (chant-danse) ».

Sur fond sonore de cochon noir éructant, je pense à cette phrase de Hugo que je cite approximativement :

> Le Génie comme l'Ange déploie ses ailes et joint les mains.

Des mains bien réelles, bien solides et matérielles. Il n'y a qu'à observer « l'Élévation de saint Paul » par Nicolas Poussin.

Il est difficile de cerner un être ambivalent. Pour moi, l'Ange est avant tout une créature sachant alterner les instants d'élévation et ceux de chute, une existence intermédiaire à travers laquelle nous, porteurs de traits selon toute apparence distinctifs, cherchons à reconnaître une abstraction, et l'indistinct.

Je racontai il y a quelque temps l'histoire d'une femme – peut-être moi-même – qui, non contente de nier par nature la qualité masculine, en venait à nier sa propre qualité de femme dans une sorte de suicide par abstraction, un abandon de toutes considérations matérielles. Elle s'évaporait. Et s'il s'agissait bien d'un envol (« Puis elle s'est jetée dans l'air/Sans plus de chute possible. »), il n'était aucunement question de métamorphose angélique.

Je vois apparaître l'ange à un second stade du processus, lorsque notre nature terrestre nous oblige à nous représenter, à nous figurer, ce premier stade qu'atteignit mon héroïne. Imaginer l'Ange est donc le signe même de sa chute, et c'est une plume du Diable que je tiens. Femme, homme, que l'Ange n'ait pas de sexe m'est impensable, et je souhaiterais plutôt voir un androgyne ailé. Mais même cela…

Revenons à ce tableau, « l'Élévation de saint Paul ». L'apôtre se trouve très concrètement soulevé, emporté avec effort par trois anges au-dessus d'une terrasse de temple à l'architecture rectiligne ocre-brun, vers une épaisse nuée de même teinte. Piliers et nuages ne se différencient guère sinon par leur opposition de formes : stricte géométrie d'angles et de perspectives contre masse informe, lourde et confuse. Le groupe occupe à peu près le centre de la toile, rayonnant d'une trinité de couleurs bleu, rouge, jaune d'étoffes.

Or il semblerait que saint Paul, tout en aspirant du regard à cette élévation vers les cieux, s'y opposerait également de toute sa masse corporelle. Il n'y a effectivement rien de plus matériel que ce surprenant conglomérat de corps aux ailes pierreuses, aux jambes ballantes en grappes, de tout leur poids cherchant le sol, et l'on peut se demander si la Divine Raison ne réside pas davantage « en bas », dans l'ordre et la perfection idéale de ce temple sur les dalles duquel gisent l'épée et le livre abandonnés, qu'« en haut », perdue dans les volutes boueuses d'une fumée obscurcissant le ciel comme celle d'un incendie de tourbe. Renversons le tableau, le ciel n'en paraîtra que plus dégagé. On a vite compris que les qualités de supérieur, inférieur, spirituel, temporel, matériel, concret abstrait, homme, femme, étaient à volonté interchangeables, et que seuls comptaient les déplacements alternatifs des uns aux autres.

Mais il y a pourtant plus ; un certain poids des âmes que les bras et les cous arbitrairement tendus vers le haut par quelque sculpteur raide ne peuvent faire oublier. Et c'est peut-être ce poids central ne pouvant plus tomber que j'aime et qui m'attire là, droit devant. Sans que je sache exactement pourquoi, une citation de Dante vient s'adjoindre à ma lecture de cette image. La voici, d'une traduction en prose inconnue – la couverture et les premières pages de mon livre s'étant désagrégées il y a bien longtemps de cela :

Ces feux pieux, qui de six ailes se font une cellule...

(*Paradis*, chant IX)

Les anges de l'Apocalypse ont six ailes. Ceux de Poussin, plus communs et moins terribles, n'en ont que deux. Mais ils sont trois, ce qui devrait faire un total de six. Deux ailes des anges latéraux sont invisibles, une autre l'est à peine, mais le bras droit de l'ange supérieur et les deux de saint Paul rétablissent autour de lui l'équilibre symétrique qui autrement aurait été rompu. L'apôtre se trouve ainsi au centre d'une cellule comparable à celle dont parle Dante, et la brûlure colorée bleue, jaune et rouge des étoffes l'anime du même « feu pieu ». C'est dans cette cellule ailée que nous plongeons lorsque nous contemplons le tableau. C'est l'embrasement matériel de notre âme qui nous y enferme et empêche tout autre mouvement. L'Ange que nous ne pouvions cerner nous enclôt maintenant nous-mêmes, et pèse de notre propre poids, de notre propre nature, à la lettre.

Au lieu du saint emporté par les anges au milieu d'une nuée, n'est-ce pas un autre soi-même, insecte ailé lâchant son nuage de gaz toxique, que Poussin nous offre à voir ? Michelet nous rapporte qu'on croit l'insecte créé par le Diable. Contre Dieu il doit donc se défendre. Ange ou cochon, du sentiment à quatre mains, six pattes et trois ailes, l'homme n'est qu'une transition, qu'un « couloir à courant », œsophage de mouche. J'y reviendrai, mêlant « charbon de bois et ordinateur », étoiles et sondes, nains et géants, encre et papier, plumes et goudron, éléphants et dragons.

Les crabes

Dans une pas si lointaine jeunesse, nous avons vécu de fantastiques aventures. Nous n'avons pas encore fini de les vivre, de les digérer, de leur faire traverser ce chenal pour l'œuvre que nous sommes, mais elles s'amenuisent, inéluctablement. Nous les prolongerons, et là encore nous ne serons que des couloirs, des pipe-lines pour leurs trajets. Elles n'ont pas fini de nous vivre.

Mais comment en vivre d'autres, et comment en vivre ensemble ? Ne nous embarquons-nous pas tous, argonautes provençaux, sur la même trirème, l'œil propitiatoire de l'Amateur peint à la proue ? Cherchant insouciants la toison en l'absence de Jason, les Argonautes ne sont que des collectionneurs de papillons et de crânes, vieux savants débiles dans une BD de Lucky Luke. A nous de multiplier les dragons. Nous devons. Nous devenons. Une simple tresse, une cordelette de fils colorés sans nœud s'effilochant aux deux bouts. J'y reviendrai car on a la chance de n'en finir jamais.

Et c'est bien cela qui me rassure. Captivité et liberté sont une seule et même chose tant que nous vivons dans le confort loin des vraies luttes de ce monde. Ce confort est notre liberté et notre captivité. Triangulation. Je pense souvent à ce que je ferais enfermé dans une prison, dans une boîte à trous. Mais je suppose qu'en fin de compte, je passerais mon temps à penser à ce que je ne peux y faire. Vivons notre emprisonnement en sachant qu'il n'en est pas un. Le château d'If, où je ne suis jamais allé presque exprès me fascine, surtout vu de haut. Le Danseur qui danse sur les murs de sa prison est aussi chanteur : Pan pieds-de-bouc avec sa flûte double. De ses mots-pas il dessine une carte, ou plutôt un parcours sur la carte qui me rappelle les tracés répétitifs des enfants autistes dans une pièce. Si on ne peut imaginer une carte sans marge ni fin, le presque autisme nous guette. L'autisme est notre fin. Il faut pouvoir se libérer de l'Ile, car comme des îles ensoiffées d'archipels, l'Infini est devant, derrière, autour de nous. Oui, contrairement à l'illustre Blaise, moi, l'Infini me rassure car il nous sauve de l'autisme. Autrement, nous serions *Castaway*, naufragés volontaires emboîtés, même si je suppose que nous devons tous en passer par-là.

La vingt-cinquième heure pourrait être l'heure entre chaque heure, cet insaisissable intervalle toujours plus petit dans lequel nous conversons à n'en plus finir. Entre les parois de ce canyon temporel s'allant rétrécissant, l'écho de nos voix :

« Bonjour… Bonjour… Ça va ? Tokyo… Porquerolles… Salisbury… Ollioules… »

Les Crabes grouillent. C'est David Attenborough qui les fait se magner ainsi. Savez-vous qu'ils ont entrepris d'envahir la terre ferme ? Ils ont commencé par les arbres d'une petite île des Caraïbes, dans la mangrove. Car jamais ils ne peuvent s'éloigner de l'eau afin de maintenir humidifiées leurs branchies. Et maintenant on en trouve même en plein milieu du désert australien, un des endroits les plus secs de la terre. Si, si, des crabes marsupiaux enterrés dans leur trou à attendre la pluie une fois tous les trois ou quatre ans. Tu les vois cavaler en train de se lécher les pupilles, de vraies araignées aquatiques. Et bons à manger avec ça. Un régal !

Le côté anal de toute collection m'inquiète. J'aurais beaucoup à dire sur les papillons bien qu'ils m'apparaissent si vains. Je le ferai peut-être dans « Chasse aux insectes ». Je ne m'aventurerai donc pas trop loin ici aujourd'hui de peur d'en écraser sous mes pas légers de danseur par mégarde. J'ai cependant très envie de dire qu'en ce moment, j'aimerais pouvoir m'habiller comme un papillon de nuit. Idéal vestimentaire. Je ne saurais lutter de front avec un Caillois. Les collections que je pratique essentiellement de plumes, de masques, de coléoptères, de cartes postales et de pointes de flèche me servent avant tout de florilège et d'amorce, matériaux à transformer, à s'inspirer, à transpirer. Je conserve des objets pour lutter contre la perte du monde, « la Mère des Excréments ».

Mais par ailleurs, la nécessaire infinité de toute collection une fois encore me rassure. Inévitablement l'Amateur est un collectionneur. Je crois qu'il est dorénavant temps de considérer arbitrairement la chenille et le papillon comme deux insectes différents et d'entrer tête baissée dans un nouvel obscurantisme ; cela afin de reconnaître dans la métamorphose toute sa force. Si tout était dans tout, à quoi servirait-il d'être autre chose que tout ? On dit :

« Le porteur du masque devient le masque. »

Il y a une différence réelle, absolue, d'essence, entre les phénomènes que nous pratiquons. Le singe devient dragon. Lorsqu'on cherche à percevoir la réalité physique dans toute sa nudité, on tombe sur Protée. L'habit fait le moine et se changer signifie plus que se diviser. Le squelette est squelette, non pas reste d'homme. A force de vouloir faire chevaucher les morts par les vivants, ne finissons-nous pas par peupler notre vue de gargouilles, chimères hideuses mais muettes ?

J'ai ouvert le coffre à jouets de mon enfance pour amuser ma fille et mon fils au stade à surveiller car il se fourrait tout dans la bouche. Au milieu des petits soldats, des Indiens, des billes et des camions, nous avons trouvé les restes d'un squelette en plastique. Réduire, c'est aussi comprendre, même si souvent la fragmentation s'y associe. La métamorphose n'est pas la transformation car la transformation retient encore à l'arrivée certains caractères de départ, ce que la métamorphose élude. Entre départ et arrivée par transformation, il y a équivalence. Entre départ et arrivée par métamorphose, il y a différence. On est foutu et c'est bien mieux comme ça. J'essaierai le coup du papillon de papier à replier avec une goutte de couleur dedans. Le principal avantage des papillons, c'est qu'on peut les mettre dans une boîte. Si j'ai bien compris Caillois, le ratage par l'aléa fait notre gloire, sinon notre beauté.

Non, l'œil ne se trompe pas. Il ne se trompe jamais car il fabrique. Il interprète et projette son interprétation sur la baie de sa rétine, bien au-delà de toute vérification possible. L'œil est le danseur de la *maya*. Il vous transformera une pierre en dragon, une fille en renard, un Philippe en Antoine, un squelette en rameaux. Ce que certains appellent « danse », d'autres l'appellent « métaphore », la danse du sens dont les pas sont des mots. Une confusion volontaire. La seule chose dont on puisse être sûr, c'est que tout se transforme, non ? Alors, comme des joueurs d'osselets dans la poussière du trottoir, nous assurons le métamorphisme permanent, la théorie des catastrophes récupérées de justesse. A notre santé !

Car nous voilà embarqués, emportant dans nos coffres, lests en soutes, ces « choses consistantes », « toiles de fond », « détours » et « spirales » dont nous nous repaîtrons un jour, vieux Arabes inépuisables assis sur un banc au soleil. Lors, Sindbab ressentit l'appel des terres lointaines. Partons à la pêche au poupre, voulez-vous ? A la Batterie Basse, il y en a plein. Plus encore que l'omphalos (qui se trouve en fait sur la route de la Roquebrussane), elle est pour moi l'extrême pointe de l'intermédiaire, le statut de l'humanité tout entière érigé entre deux mondes, la presqu'île qu'on ne peut visiter puisque appartenant à la Marine (laquelle ? La royale ou l'aquarelle ?).

J'en ai pourtant connu des qui y ont pénétré : jeunes hurluberlus faisant leur service militaire, vieux Chinois à barbiche blanche, plongeurs assermentés. Nous nous y tenons désespérément ensexés, scrutant le large et nous abritant les yeux du revers de la main alors que tout circule, fume et pollue dans notre dos. Le mateur est devenu sentinelle dans l'entre-deux de la maturation tandis qu'encore ailleurs, sur une photo blanche et noire, un petit garçon de trois ou quatre ans remonte avec sa maman les escaliers immenses du Cap-Brun, temple maya de sa mémoire qu'un aloès domine dans le coin supérieur gauche.

Devenir pratiquant de l'image mise en parole écrite.
Renforcer l'aléatoire de soi-même.

Les biscuits de mer

Oui, moi aussi, les biscuits de mer m'ont toujours fasciné. Ils étaient si durs qu'il fallait les tremper dans l'eau ou le rhum. Les galets pourraient être les biscuits de mer du *Moa dinorniforme*, autruche géante de Nouvelle Zélande, ou de l'*Aepyornis maximus*, oiseau-éléphant de Madagascar, tous deux aujourd'hui disparus, éliminés par l'arrivée des premiers hommes sur leur territoire. C'est en mangeant des biscuits de mer que l'on peut renforcer la coquille de nos œufs, de nos jeux de fossiles vivants. Dans votre blessure, j'aimerais deviner une plaie secrète, ouverture des trompes de Fallope, que vous tairiez par pudeur, distinction naturelle chez vous, et que vous transcenderiez par la danse, qui est circoncision des pas, comme la parole est circoncision des mots.

Là réside la blessure initiale, mythique, totémique. Je la prends et m'en fais un scarabée ; une élytre me sert de pansement, une image, un son vous servent de bandage. L'aveugle se revêt de sa trompette en bouche pour la clamer, sa blessure, comme le petit bossu de Malinowski danse la tortue qui soutient le mont Méru, centre de l'univers. Enroulant le grand Naga autour de cette tortue et agitant le tout par saccades, les démons ont ainsi baratté la mer de lait, l'océan des formes inqualifiées. Le lait s'est caillé. Nous posons nos pieds sur des îles de beurre. Je bois toujours un peu trop, prend de la bouteille et pense à ma vieillesse difformité du corps et du visage qui vient. Ces îles sont notre jeunesse. Un dieu japonais a plongé sa lance dans l'océan et l'a agitée. De la mousse qui en est résultée s'est formé l'archipel nippon.

« Behind our existence lies something else that becomes accessible to us only by OUR SHAKING OF THE WORLD. »

(« Au-delà de notre existence réside quelque chose d'autre qui ne nous devient accessible que par NOTRE SECOUEMENT DU MONDE »).

La danse, le branle, comme l'écriture, est secousse, la secousse du monde que nous imprimons. De tout cela résulte la fragmentation. Pensons au mythe platonicien des demi-sphères roulantes d'hommes qui cherchent leur moitié. Nous tous, amateurs de notre pensée, sommes les fragments d'une boule de terre cuite qui s'est brisée. Au-delà de l'île demeure l'archipel que nous brisons par notre création avant de le rassembler, suivant en cela la dérive des continents (il y eut un continent unique, *Gondwana*, rond, dur et cuit comme un biscuit de mer, difficile à briser, mais que nous brisâmes cependant). La loupiote rouge du Christ dans chaque volcan sous-marin de la dorsale atlantique sépare l'Europe de l'Amérique à la vitesse de deux centimètres par an. Ici il faudrait faire intervenir la science des crêtes :

(MONTER L'ÉCHELLE DE JACOB)

Monter l'échelle de Jacob la tête en bas.
S'accrocher à des branches vermoulues.
S'approcher d'animaux qui vous fuient.

J'ai vu un blaireau mort les canines sanglantes.
J'ai ramassé un sabot de vache vide sur le trottoir.
J'ai mangé la truite ensommeillée dans le courant

Des minutes, des heures, des jours et des ans.
On salue le grand ancêtre de cire empaillé
Graisseux à qui l'on doit tout dans sa cage de verre
(Jeremy Bentham le positif de la science fossile)

Et la plante qui croît se détache du sol
Sans relation au terreau qui la porte
Mais ne la justifie ni ne l'explique.

Ainsi je pousse accumulant la vinasse
Indéniable rejeté, le cancer des pommes,
Le péché par la bouche et la main.

Se nourrir de la première infraction

Au paradis. On vit sans nombril
Mais tout est ronce et nous blesse.

Porter son île sur son ventre, l'offrir
En sachant qu'elle vous sera refusée
Parce qu'elle n'est pas assez, pas assez

Vous, l'entier insacrifié.

Se soumettre alors et continuer à chevaucher,
Essayer de discerner le grand Fantôme Cavale
Qui donnera poids et sens à cette mousse.

Sous les sabots de l'ongulé ruminant
La condition du lierre qui croit enlacer les échelons.
Merci au corps quand même pour l'âme inversée.

En croisière

Je ne suis jamais parti en croisière mais je rêve à l'ennui confiné, boîte flottante, de ces longues traversées qu'il fallait entreprendre dans le temps pour aller aux « colonies » : Darwin vers la pointe sud de l'Amérique, puis vers les Galápagos, Michel Leiris vers l'Afrique, Alfred Métraux vers l'île de Pâques, la mère de Philippe revenant du Tonkin et tant d'autres qui n'auront pas franchi le seuil de ma postérité. Cela ne m'empêche pas de croiser dans les livres de nombreux auteurs que j'introduis dans mes textes. Ce sont mes rencontres de croisière. J'en parle comme d'autres s'inventent des personnages qu'ils côtoient pour quelque temps.

Les livres sont des flottilles autant que des paysages, leurs auteurs des marins aux longs ou courts paradoxes qui se perdirent dans les vagues feuilletées. De plus, nous pouvons nous permettre d'en faire ce que nous voulons puisqu'ils participent aux fictions qu'ils ont pour nous créées. Jack London, où je suis passé, dans lequel j'ai vécu et où je vis toujours, s'y est bien perdu, lui, dans ces vagues. Comme ce policeman anglais fier et un peu crétin qui, une fois égaré dans la banlieue londonienne sans plan, n'osa jamais demander son chemin et mourut de faim et d'épuisement au coin d'une rue, tant est vaste et étendue cette capitale du monde. Nous le repêcherons et l'aiderons à poursuivre sa croisière, hirondelle des faubourgs de l'Atlantide lettrée.

Les deux frères

Des deux frères, je ne pourrais jamais parler assez, car c'est pour moi le vrai cœur double du mystère, son centre de gravité bipolaire, le sexe hermaphrodite de la Méditerranée. Depuis ma plus tendre enfance, lorsque ma grand-mère m'emmenait à la plage de Mar Vivo en car très tôt le matin, j'ai rêvé de circumnaviguer ces deux rochers plantés à la frange entre terre et horizon. Je n'ai jamais pu que les scruter de loin et renvoie au premier poème de mes *Cinq natures mortes* pour plus amples détails :

Il y a deux rochers, deux frères, deux masques
Dont la distance à la côte varie sans cesse...

Il est effectivement presque impossible de les approcher, même à partir de la terre, puisque l'alternative (celle du matador) se pose à la pointe du cap Sicié (le point le plus au sud sur la carte de notre territoire) entre un escalier de plusieurs milliers de marches, absolument vertigineux, sans rambarde ni garde-fou, qui m'a fait ramper comme la chenille du vertige, et un sentier à flanc de falaise constamment menacée d'éboulements dans des précipices sans nom où s'ouvre la bouche du Grand Émissaire, l'Envoyé des profondeurs, l'Égout universel du Tartare, le Cul de l'Enfer ! Nous pourrions écrire tout un chapitre d'un livre sur cette gémellité minérale acérée des deux frères. Michel Tournier, René Zazzo, Lévi-Strauss nous y aideraient sans doute et nous pourrions les amener à une partie de pêche aux sirènes qui se cachent entre ces deux seins mâles pleins de fiel, tout aussi indispensables et sacrés que dangereux.

J'aurais aimé avoir un frère pour m'aider à braver le danger et qu'il m'emmène à cette pêche, une corde et quelques boulettes de cire vierge dans la poche pour s'attacher et se boucher les oreilles à l'insoutenable vue des femelles les plus sexy de l'univers. Les doubles nageoires du requin noir protègent leur vulve de notre pénis poulpe plein d'encre et de nos couilles pleines de couleurs. Ici, j'aurais besoin de citer Claude Lévi-Strauss :

> Toute unité renferme une dualité [...], quand celle-ci s'actualise, quoi qu'on désire et quoi qu'on fasse, il ne peut y avoir d'égalité véritable entre les deux moitiés.

(Bande-son : la mobylette qui s'en va sur fond de la Callas chantant *Madame Butterfly* est vraiment inénarrable ; à moins que ce ne soit une petite vedette à moteur ?)

L'architecture de nos corps vertébrés est fondée sur une très ancienne symétrie bipolaire déjà présente chez les insectes invertébrés et qui peut-être enracine en nos âmes terrestres inversées cette irréconciliable dualité du pair et de l'impair, de l'un et de l'autre, du même et du différent, du réel et de l'irréel, même si leurs frontières peuvent aller en s'atténuant, en s'exténuant par des passages alternatifs répétés et s'accélérant. Toute théorie n'est que fiction.

Or, les choses n'en ont pas toujours été ainsi dans le règne animal. Une autre bande du vivant, celle de l'échinoderme, a tenté l'impossible et, dans une certaine mesure, l'a réussi : pour ce faire, elle a développé une symétrie quinte. L'étoile était née et s'est tout de suite élevée au firmament de la pensée matérielle. Comment un oursin (et il ne faudra jamais oublier que Christ est mort *for our sins*...) peut-il envisager la dualité de l'âme et du corps puisqu'il est non pas deux mais cinq ? Et que ses piquants explosent l'extranéité d'un saint Sébastien inversé ? L'intérieur à jour convexe plutôt que concave, saint Sébastien livré aux prêtres sculpteurs toltèques ? Peut-être conçoit-il alors un monde à cinq niveaux superposés : un Enfer peuplé de morts qui l'ont toujours été puisque certaines théories affirment que les fantômes ne sont pas les esprits errants de créatures ayant déjà existé à un autre niveau, mais bien des êtres à part entière, pouvant circuler, s'accoupler et se reproduire, d'espèces distinctes et variées, venant parfois nous souffler des histoires à la frange des cils ; un premier niveau intermédiaire peuplé de démons palmés porteurs d'étranges masques vitrés, respirant à l'aide de longs tubes noirs et qui communiquent par l'entremise de bulles gazeuses ; notre propre univers communément appelé l'*Oursinado* peuplé de vivants normaux tels les holothuries, ophiures, étoiles, concombres et étrons de mer variés ; un second niveau intermédiaire encore très mal connu peuplé d'insectes, d'anges et de gabians, certainement le plus éthéré et le plus spirituel des quatre, mais encore inférieur en sublime au dernier niveau sur lequel nous ne nous étendrons pas par totale incapacité puisqu'il s'agit du royaume des dieux. De paradis, certes point.

Le volcan

L'irruption des volcans est un impossible à décrire que nous vivons à chaque instant. Elle tisse le rythme de nos créations. En ce sens toute œuvre est volcanique et la typologie des volcans est une esthétique.

Prenons l'irruption du mont Saint Helens dans l'Etat de Washington au début des années quatre-vingts, et deux photos d'un paysage aux alentours de cette montagne, avant et après l'explosion (*courtesy of the National Geographic*). La première présente des vallons et des collines, des forêts denses de conifères, de petits lacs dominés par le cône enneigé du dieu souverain pyramidal. La deuxième photo où l'on reconnaît le même relief que son frère jumeau déshérité n'offre plus à nos yeux stupéfaits, sur des kilomètres et des kilomètres carrés, qu'un désert de cendres grises et de troncs nus couchés par centaines de milliers tous dans le même sens, allumettes-fœtus soufflées sur le gâteau de la puissance tellurique qui fêtait l'anniversaire de sa presque éternité. A l'horizon, le cône épuisé par son effort a disparu, laissant la *caldera* d'un fruit trop mûr éclos. L'explosion ravage, annihile, fait disparaître les chairs et les pulpes pour ne laisser à la lumière qu'une armature ossifiée. Et l'on cherche vainement à reconstituer les corps de la nature. Ailleurs, la lave noire a tout englouti et comblé. Nul n'est plus maître de sa forme. Le basalte et l'obsidienne, l'opaque et le vitreux, rivalisent pour nous surprendre, ne nous accordant que l'espoir de laisser une trace, une empreinte, un moule vide assoiffé et poreux.

Pourtant, cet horizon est ensemencé. Sur une durée qui nous dépasse, Krakatoa se repeuple, reverdit, va développer des espèces à nulle autre communes. On aimerait croire que seule l'activité volcanique peut supporter la génération spontanée des êtres, que c'est de ces tumescences planétaires que naît vraiment la vie, et les insectes emportés par le vent et les courants ascendants, leurs prêtres-acteurs.

« Théra, cône strombolien immergé » recouvre une civilisation qui renaît. Les volcans détruisent et sauvent les cultures. Qu'importe alors si Montaigne nous dit que « nous n'avons aucune communication à l'estre » puisque l'on sait que de la montagne feu et eau, de la bouche du dragon l'être se déverse.

L'espadon

Je ne saurais dire grand-chose de l'espadon, poisson-épée incestueux plongeant son museau dans le ventre de la mer, et certains pourraient peut-être détecter dans cette incapacité un refoulement de l'innommable, ou un acte de mauvaise foi. D'ailleurs, il faut bien que je l'admette même si cela m'en coûte, je ne pourrais pas parler de toute ces boîtes ; il y en a trop. Il faut que je fasse un choix dans cet infini. J'essaierai cependant d'être le plus exhaustif possible, mais aussi le plus contrit face à cette immensité.

Si je ne peux rien dire de l'espadon, je peux parler du crocodile de Notre-Dame des Anges. Au sommet du massif des Maures, en Provence, il y a une petite église et les restes d'un monastère. Depuis le XVIIe siècle, cette église dédiée à la Vierge sainte patronne des anges et des enfants morts avant le baptême – en soi tout un programme – est un lieu de culte particulièrement fréquenté. Les miraculés de toutes sortes y ont accroché d'innombrables ex-voto, pour la plupart tableaux naïfs et charmants narrant les accidents traditionnels de la région.

L'offrande particulière d'un chasseur de lions attire toutefois l'attention : il s'agit d'un énorme crocodile empaillé suspendu en plein ciel au milieu de la nef. L'homme, à l'affût sur les rives d'un marécage, vit soudain les mâchoires de la boue s'ouvrir et engloutir sa jambe qu'il y perdit. Heureusement la présence d'esprit de son pisteur sauvage mais baptisé de fraîche date plongeant sa lance dans l'œil du reptile lui permit de sauver le reste, c'est-à-dire sa vie. On captura le monstre et l'ouvrit. On ne pouvait plus rien faire pour la jambe mais l'on décida que ce coup de chance devait être imputé à la Vierge blanche combattant avec ses anges les forces du démon, et en particulier les sauriens vaseux. La carcasse de celui-là lui fut donc dédiée, fut préservée, embarquée et suspendue en ces lieux.

Un siècle plus tard, un deuxième coup de chance me fait intervenir (mais ne faut-il pas plutôt parler de ce destin interprète que nous infligeons aux événements les plus hasardeux pour nous prouver à nous-mêmes que nous sommes encore capables de pulvériser la poudre de nos fantasmes sur les parois du devenir ?). J'eus l'extraordinaire possibilité de passer quelques jours dans le monastère qui forme une cour rectangulaire sur le devant de l'église.

Ma cellule se trouvait au premier étage où une galerie court immédiatement au-dessus du narthex. Dans la paroi de cette galerie se découpe un œil-de-bœuf donnant sur la nef, aux vitres colorées par quartier : rouge, jaune, vert, bleu, mauve, et, juste au même niveau en face, à quelques mètres à peine, planant entre ciel et terre parmi les vols d'anges, le crocodile ouvre vers vous sa gueule d'apocalypse. L'observant ainsi, parfois rouge, parfois vert, parfois jaune ou bleu, je compris ce qu'avait un instant éprouvé le réveil jeté en pâture au crocodile de Peter Pan et regrettai de n'avoir jamais pu être l'œil qui vit l'œil serti dans le vagin denté à la fin de l'*Histoire de l'œil* de George Bataille.

La Vierge a-t-elle jamais pu voir Celui-qui-conçut-le-Christ-en-son-sein ? La lumière était sans doute éteinte et ce n'est pas l'habitude de Jéhovah de se changer en pluie d'or ou duvet de cygne. Nous parlons de l'Annonciation de l'ange Gabriel et de son Lys comme d'une fécondation anticipatrice par le Verbe. Mon crocodile volant toute gueule ouverte était-il vierge (ces reptiles n'ont pas de langue) ? Étais-je de moine devenu ange pour quelques minutes de stupeur muette ? Mais je n'avais rien à dire, rien à annoncer, aucun message et mes mains étaient vides. Pas de lys, ni de violettes. Rien. Je n'étais qu'un œil de bœuf polychrome prêt à être dévoré, à moins qu'une espèce de Noir surexcité ne m'y plonge sa lance suraiguë. Je ne pouvais que m'enfuir et garder pour moi cette vision de fin dernière jusqu'à ces jours-ci.

Je me retrouvai donc au pied de la Falaise, nu, en pleine nuit, de nouveau parmi les crabes. (« Les crabes sont des hommes. ») Refoulé. Cherchant à extirper une perle à peine entrevue de l'étreinte d'une pince aussitôt retirée dans sa crevasse. Invisible. J'ai souvent par le passé atterri ou navigué au pied d'une falaise. C'est la mort. Les indigènes Toradja des Célèbes fort pertinemment y placent sur des balcons en bois les effigies de leurs défunts. *(« Démasqués, tous ! Les balcons grouillaient d'arthropodes. »)* A une certaine distance, la ressemblance est frappante et la paroi paraît peuplée d'une foule de spectateurs attendant avec un vif intérêt qu'entre dans l'arène le taureau du temps que vous aurez à combattre. Que celui qui inévitablement mourra salue les morts qui le contemplent avant de les rejoindre me paraît des plus sain et de la plus grande politesse. Ainsi je salue la grasse effigie de Jeremy Bentham chaque fois que je passe devant son armoire vitrée à l'*University College* de Londres. Les aborigènes de la terre d'Arnhem placent eux aussi les restes de leurs ancêtres dans les failles des falaises, bien à l'abri de la pluie.

Le 1er janvier 93,
Un homme a sauté dans la cage aux lions
Après y avoir jeté quelques poulets.
Un félin d'Asie de lui s'est approché,
Lui a ouvert la poitrine d'un coup de griffes
Et sectionné la gorge d'un coup de dents.
Cet homme croyait que Dieu était un chat.
Il aurait bien mieux fait de croire comme moi
Que Dieu était insecte, un phasme par exemple.

Le fantôme

Quant aux fantômes dont j'annonçai plus haut la suprême indépendance vis-à-vis de notre règne, ils sont partout et j'en ai rencontré plusieurs au cours de mes pérégrinations. L'un d'eux se manifesta par une chandelle brûlant à l'intérieur même de ma poitrine, un autre par sa taille immense et fulgurante bondissant dans le puits de la cage d'escalier comme un génie sorti de la lampe d'Aladin. Tous étaient chaleureux, bien qu'un peu intimidants, et j'ai toujours fait de mon mieux pour les maintenir à notre niveau de communication le plus longtemps possible. Mais leur taux d'évanescence est extrêmement élevé et ils m'échappaient au moindre relâchement d'attention.

Un soir, il ne devait plus être très loin de minuit, je me penchais sur les problèmes personnels d'une amie lorsque je la visualisai comme une pâte à pain molle, pétrie par une main unique. L'eau venait juste d'être mêlée à la farine. La main envoya soudain en l'air la pâte qui se mit à tournoyer dans un mouvement parabolique. Au cours de ce vol, et sans doute chauffée par la friction de la vitesse, la boule de pâte commença à cuire. Au sommet de la parabole, elle était cuite et se rassissait déjà en entamant sa courbe descendante. Elle atterrit sur une table et se fragmenta en miettes de pain rance.

Je ne pouvais comprendre comment cette vision apportait une quelconque réponse aux problèmes de cette amie à laquelle je rendais visite (je lui avais offert un bouquet de lys). Pourtant, indéniablement, plus qu'une métaphore ou une métonymie, elle était vraiment cette boule de pain à la courte vie aérienne de laquelle je venais d'assister. Je me concentrai de nouveau et revis la même main tendre cette fois une pièce de monnaie qu'elle jeta d'une chiquenaude sur la table. La pièce suivit la même parabole que la boule de pain précédente et résonna métallique au choc. Tout était baigné d'un halo doré flou et je ris en moi-même de l'ineptie de ces visions que j'avais racontées au fur et à mesure qu'elles me venaient. Une dizaine de minutes plus tard, des coups furent frappés à la porte. L'amie en question, appelons-la Marie, alla ouvrir :

— Oh ! c'est toi. Bonjour. Qu'est-ce que tu fais dehors si tard ? Entre un moment.

La voix d'un jeune homme répondit :

— Non, non. Je ne peux pas. Il faut que j'aille au boulot. J'avais rien à manger chez moi. T'aurais pas un morceau de pain à me passer, par hasard ?

— Oui, bien sûr. Je vais voir à la cuisine. Mais entre un instant.

— Non, non…

Je ne pouvais voir le jeune homme car le battant de la porte entrouverte me le cachait. Il refusait toujours d'entrer. Sans doute se doutait-il qu'il y avait quelqu'un dans la pièce et il ne voulait pas déranger. Ou peut-être ne voulait-il pas être vu.

Marie revint en s'excusant. Elle n'avait pu trouver dans sa cuisine qu'un quignon de pain dur vieux de deux jours. Le jeune homme répondit que cela irait très bien. Je vis une main très blanche sortir de derrière la porte, saisir le morceau de pain et le faire disparaître. Puis la main réapparut tenant sur l'ongle du pouce une large pièce de cinq francs qu'elle envoya valdinguer sur la table ronde au milieu de la pièce. Marie protesta énergiquement. Le garçon n'allait quand même pas payer si cher un croûton sans valeur ; mais il était déjà parti.

Marie referma lentement la porte, se retourna vers moi et me regarda inquisitrice. Puis elle m'expliqua qu'il s'agissait d'un apprenti-boulanger qu'elle avait rencontré sur le marché quelques jours auparavant. Amical, il lui avait adressé la parole et l'avait gentiment draguée. Elle s'était plus ou moins laissée faire. Il l'avait raccompagnée jusqu'à chez elle. Marie ne le revit plus jamais.

Avais-je su prévoir le proche avenir ? Avais-je inconsciemment provoqué cette rencontre ? De quel mystérieux message le jeune boulanger était-il porteur ? Ce qui était certain, c'est que Marie avait trouvé un exutoire à ses problèmes, pour ce soir-là en tout cas, et j'en conclus que les fantômes aussi peuvent avoir faim.

(Deux vieilles jumelles juives fument et boivent du café au pub *The Marlborough Arms*.)

Les fantômes sont matière à visions. Si on peut les sentir, on ne peut les toucher. Les fantômes perdent souvent la tête, mais toujours la récupèrent. Ils rôdent dans les parages de l'abîme. Les goules s'accouplent. Les incubes et les succubes dansent et chantent sur notre ventre enflé les rumbas du tonnerre et pourtant en général nul son n'en sort. Nous sommes leur scène, leur terreau, leur tombe, leurs tréteaux. Cabotins, ils nous exploitent et nous sucent comme des anophèles. Nous pourrions craindre pour notre sang l'anémie mais la multiplication des cellules la plupart du temps compense. Leur reproduction est complexe, avec des phases sexuées et d'autres asexuées où ne naissent que des femelles.

Le Frioul

Il est toujours un peu inquiétant, au sens propre du terme, de rompre le repos, le confort de l'âme myope, en se retrouvant face à soi-même, même s'il ne s'agit que d'une image peinte derrière une vitre. Est-ce vraiment moi cet indigène mince et brun enturbanné de vert accroupi sur un îlot aride devant un petit feu de bois flotté ? Une certaine école de pensée répondrait catégoriquement non. J'hésite.

Avec l'aile détachée d'une carcasse de goéland en guise d'éventail, j'attise le feu qui crépite. Je suis en train de faire cuire des sauterelles, des oursins, quelques moules et deux vioulets, ou figues de mer, *Microscomus sulcatus* (le sac intestinal jaune à goût acide fortement iodé est volontiers consommé par les populations littorales). Comme d'autres l'hostie, nous allons absorber en sacrifice cette étrange ascidie qui semble unir sous sa tunique de cuir le minéral à l'animal. Lévi-Strauss dit quelque part que le travail en lui-même gratuit de morcellement et de répétition auquel s'adonnent les rites s'engage en compensation du retour à l'état de nature imposé au héros du mythe.

L'îlot du Frioul sur lequel je me trouvais en compagnie d'un vieil ami abritait une colonie de goélands argentés *larus argentatus* dont les dépouilles desséchées par le soleil et préservées par l'absence de thanatophages jonchaient le sol rocheux. C'était Pâques. Nous avions découvert de nombreux nids et emporté quelques œufs tachetés au risque de se faire fracasser le crâne à coups de bec. J'avais une très nette conscience de l'histoire en train de s'écrire, de son sens qui se gravait à même notre peau brûlée. A la réflexion, cet énorme sentiment d'existence que j'éprouvais méritait bien d'être immortalisé par l'art du peintre, et, près de dix ans plus tard, observant le tableau, je ne suis pas davantage convaincu de mon existence présente que de celle du passé ou de sa représentation.

N'arrivons-nous pas, à force de cultiver la mémoire et sa peinture, à ce que notre conscience du moment glisse comme de l'huile sur du marbre et que notre vie se colore de romanesque, même si nous ne faisons dans l'immédiat rien de bien spécial sinon grignoter une madeleine ou des oursins ? « On » s'efface. « On » devient le fantôme du représenté. « On » danse sur le ventre de la toile même si le verre nous en sépare. Il est bien connu que l'artiste qui a peint notre portrait nous a volé notre âme. Mais notre corps ne fera guère long feu lui non plus sur le bûcher des vanités. Alors, l'œuf du goéland que j'avais essayé de conserver est toujours sur la fenêtre. Les mouches y sont passées et un jus noir en a coulé. Inutile de mentionner la puanteur, ce « supplément d'âme », même après des années ; c'est toujours le retour de Pâques. Mieux vaut garder la fenêtre fermée.

Les hannetons

Accroupis devant ce feu dont la fumée pestilentielle nous tire des larmes, il est maintenant temps de marquer une pause. La Chasse aux Insectes a élargi son rayon d'action, varié son gibier, mais nous ne pouvons continuer sans reprendre souffle. Nous tenons quelques précieuses captures dans notre besace. Les leçons de choses de notre enfance se couvent avec affection comme des œufs.

Au CM2 dans une petite ville du centre de la France, prenons Roanne par exemple, au début des années 60, la maîtresse, Mme Galichet, vers le mois de juin, avait prévu une leçon sur le hanneton *Melolontha melolontha.* Elle avait par conséquent demandé à ses élèves de capturer et d'apporter en classe quelques-uns de ces coléoptères alors fort communs. Nous avions passé, mon père, ma mère et moi, plusieurs soirées sur le balcon de la cuisine à attraper les pauvres insectes attirés par notre lampe et à les placer dans des cartons à chaussures aux couvercles percés de trous d'aération. Les boîtes furent bientôt remplies. Je les amenai à l'école et continuai ainsi ma collecte pendant plusieurs semaines, vidant mon quartier de ses habitants aux carquois-étuis ailés.

Tous mes petits camarades avaient fait de même, et jour après jour, les boîtes s'empilaient, sur le dessus de l'armoire dans la salle de classe. Les leçons se faisaient sur fond sonore de grouillements cloîtrés, grattements de tarses, vrombissements désespérés d'élytres. Un univers concentrationnaire journalièrement à notre portée. Les ondes de la douleur et de l'angoisse s'étalaient en nappes concentriques au-dessus de nos charmantes petites têtes blondes, imbibant l'atmosphère de leurs phéromones si épaisses qu'on pouvait presque les toucher. Nous attendions tous avec une croissante impatience la leçon annoncée, le jour où nous pourrions ouvrir nos boîtes à chaussures et laisser échapper nos milliers de hannetons, le jour où nous pourrions disséquer leur abdomen cerclé, effeuiller leurs antennes lamelleuses et déplier leurs ailes translucides.

Ce jour ne vint jamais. Les grandes vacances arrivèrent. Les boîtes s'étaient petit à petit tues et Mme Galichet n'avait toujours pas fait sa leçon de choses sur le hanneton. Nous partîmes en vacances avec un terrible sentiment de frustration et d'injustice. Nous ne comprenions pas. Mme Galichet s'était-elle dégonflée (elle était un peu forte) ? Peut-être avait-elle eu la subtilité de nous utiliser comme insecticide biologique afin de protéger les récoltes de son jardin potager et les racines des marronniers dans la cour. Le fait est que je n'ai plus jamais vu un seul hanneton depuis ce jour.

A la rentrée en septembre, les boîtes avaient disparu du dessus de l'armoire et la plupart de nos cerveaux juvéniles avaient oublié jusqu'à leur existence.

Les mouches et le scarabée zen

Depuis lors, j'eus deux autres occasions de me rattraper :

Pendant les événements de Mai 68, j'habitais à l'époque Toulouse et je passais toute la durée des grèves à pêcher perches, tanches, gardons, ablettes et poissons-chats sur les bords du Canal du Midi. Je conservais mes asticots dans une boîte en plastique remplie de sciure et au couvercle comme de juste percé de trous. L'échec de la révolution interrompit mes parties de pêche et je dus reprendre le chemin de l'école. J'oubliai complètement mes asticots dans leur boîte rangée avec le reste de mon attirail dans un coin de ma chambre.

Les vacances de juillet rouvrirent la saison. Assis sur mon lit, je préparai mon matériel et décidai de jeter un coup d'œil dans la boîte. A peine le couvercle fut-il soulevé qu'un flot de grosses mouches bleues *Calliphora vomitaria* se déversa sur ma main comme la mousse d'un bock de bière trop rempli. Un champagne de diptères, une fontaine, un puits artésien d'*Érinyes* affamées. Les asticots s'étaient métamorphosés. Sartre en eut fait des gorges chaudes. Il y en avait littéralement des centaines.

Je hurlai de terreur, jetai la boîte en l'air et sortis de la chambre en courant, fermant la porte derrière moi. Imaginez *Les Oiseaux* de Hitchcock avec des mouches au lieu d'oiseaux, toutes prêtes à couvrir vos jambes, vos bras, votre visage, à dévorer vos yeux et pénétrer l'intérieur de votre corps par le moindre interstice comme dans *Phase IV*. Une barbe d'abeilles n'est rien en comparaison. J'appelai désespérément ma mère qui, secourable, vint flytoxer abondamment la pièce. Des jours plus tard, je trouvais encore des cadavres de mouches à viande sous mes oreillers, dans mes pantoufles, des mouches bleues grillées dans ma lampe de chevet et des pupes brunes dans mes tiroirs.

Les années passèrent. La grande spirale que j'avais amorcée à ma naissance m'avait amené au Japon.

A Tokyo, un de mes lieux de promenades favoris était le temple d'Asakusa, grand périmètre sacré occupé par une pagode et plusieurs vastes halls de prière en bois qui ne désemplissaient pas. Des cérémonies s'y déroulaient en continu. La foule se pressait plus particulièrement autour de larges vasques de bronze où brûlaient des dizaines de bâtonnets d'encens, les fidèles essayant d'attraper de la main un peu de sainte fumée pour s'en imprégner les vêtements, la chevelure. N'est-il pas curieux que ce soit le meilleur de nous-mêmes qui s'en aille ainsi, en fumée ? Et que ce soient justement ces quelques bribes de fumée qui nous relient aux dieux, qui les nourrissent ? Les fumeurs le savent bien, eux qui consument leur corps entier dans un suicide par abstraction afin de mieux satisfaire leur divinité pulmonaire. Les dieux ne sont souvent que de grands vents qui s'essoufflent.

A la fin de l'été, ce fut le festival des lanternes, et plus particulièrement de ces petits fruits oranges qui y ressemblent tant et dont les enfants là-bas se font des sifflets, les physalis au goût aigrelet que ma mère empoussiérait dans ses bouquets secs. Des bonzes mercantiles vendaient toutes sortes d'amulettes, porte-bonheur et objets de culte, entre autres, également pour les enfants, de très gros scarabées brun-noir, luisants et cornus, vivants. Émerveillé, je m'empressai d'en acheter un et le ramenai dans la minuscule pièce à quatre nattes que j'occupais avec ma compagne.

Lorsque celle-ci rentra le soir, à la vue de l'impressionnant insecte naviguant gauchement sur les tatamis, elle poussa de grands cris. Aurait-ce été Bouddha en personne, il était hors de question de garder cet animal à la maison ! On avait bien assez des blattes géantes *kukibuli* qui nous cavalaient partout la nuit. Je ne pouvais en toute conscience le tuer pour que, de retour en France, il aille enrichir mes collections. Je décidai de le ramener au temple le lendemain. Ce que je fis le cœur serré, sous un buisson un peu à l'écart dans le jardin zen par-derrière. Le joyau vivant ne se le fit pas dire deux fois et disparut en se dandinant.

Ai-je sauvé une âme ce jour-là ? La mienne ? Cet animal était-il le fantôme d'un prêtre ou d'un guerrier du temps jadis mort en d'étranges circonstances, seul, et qui n'avait pu trouver une main charitable pour enterrer ses restes ? J'ai encore aujourd'hui le regret d'avoir laissé échapper une si belle pièce en succombant aux pressions exercées par une femelle humaine. Une bonne action regrettée équivaut-elle à un péché commis sans le savoir ? C'est-à-dire à rien suivant les casuistes. J'attends ma prochaine rencontre avec l'avatar du dieu en espérant que je saurai le reconnaître.

Que ces trois petites histoires servent de leçon à l'apprenti-entomologiste sur le rare au sein de la profusion. Et que personne n'aille me dire que tout cela ne signifie rien car c'est strictement exact. Il faut cependant « savoir cueillir les fourmis à l'endroit de l'aisselle », comme dit Saint-John Perse. Notre longue langue de tamanoir breton gluant et sans poil s'enfonce entre les maxillaires, les fosses nasales et les orbites défoncées, par le canal optique sous la voûte d'un crâne abandonné et réoccupé. En place de cortex mais tout aussi blanchâtre, la reine termite donne sens gonflé d'œufs à cette vanité d'écolo. Les confessions d'un fils de prêtre ne peuvent être que mystification, même s'il se proclame missionnaire, chasseur et servant des insectes.

Dans *Adieu ma jolie* de Raymond Chandler, Marlowe, alors qu'il est en grande discussion avec un flic, s'attarde à rêvasser sur un petit scarabée noir à tête rose qui s'était aventuré dans les locaux de la police. Il décide d'en faire sa mascotte, d'un mot provençal qui le lie au « masco », à la sorcière. Des tas de gens se trouvent les mascottes les plus invraisemblables. Il y a quelques années, un groupe de rugbymen m'avaient même pris moi pour mascotte. On pourrait y voir une dégénérescence du totémisme, le besoin de s'identifier à un animal en vue de refuser le sens que l'évolution nous impose, une régression d'abord par la gueule, un jeter d'éponge. A la fin du roman, Chandler fait dire à Marlowe :

> Et alors ? Je n'y suis pour rien si ça prend cet aspect. De toute façon, il n'y a peut-être rien de vrai là-dedans. A bientôt. A propos, mon scarabée rose n'est jamais remonté ici ?

Des nuées de criquets flottent entre deux eaux.

Marseille

Je suis revenu pour quelques jours au pays des insectes. « Je mis mon corps sur des fagots et l'y incinérai ; la fumée âcre s'en alla piquer les yeux des dieux mais leurs abeilles se calmèrent et je pus puiser à pleine main le miel de la vengeance qu'elles y enferment. »

Mais finalement qui suis-je, celui qui parle ? Je suis l'iguane : *Iguana basiliscus plumifrons*, l'iguane à crête qui se dissimule, confond ses couleurs suivant l'environnement et change de raison plus souvent que de visage. Comme la musaraigne, un insectivore bien sûr.

Une blatte sur le trottoir des putes à Marseille a tant vu, tant entendu et reniflé qu'en l'écrasant d'un pied pensif, on se dit que c'est la compassion qu'on écrase après s'être resservi une fois encore du vagin d'où elle est sortie en ce jour de tolérance.

Une tarte aux insectes pour fêter l'Épiphanie.

Ammophila sabulosa.
Asilus crabroniformis
Graphosoma italicum.
Eurygaster testudinaria.

La réalité est tout ce qui résiste. Je ne capture pas de papillons car, trop fragiles, je les abîme. Dans la vallée de l'étonnement, je me promène, jambes nues entre ronces et orties, guettant cantharides et cicindèles, un coton imbibé d'éther et une boîte en fer-blanc dans les mains. J'avance précautionneux, levant la patte comme un dick-dick ou une gazelle de Grant, les oreilles mobiles, aux aguets. Je tends le cou. J'échasse un peu aussi. J'observe les ombelles des fenouils, des carottes sauvages, des ciguës, les corolles de l'églantier, et lorsque quelque cérambyx ou bupreste se présente, preste je l'enferme et l'asphyxie. Prédateur géant pour proies sans aucune raison, sans aucune fonction ni utilité, perpétuateur d'un acte gratuit qu'il faudra cependant payer, au tribunal d'Osiris le scarabée Keper sera mon procureur. Le soleil qui se lève condamne ; le soleil qui se couche gracie.

Pyrrhocoris apterus.
Berytinus minor.
Adalia punctata.
Zygaema purpuralis.
Akis bacarozzo.

Je fis tant et tant dans mon obsession rabatteuse d'amis que je finis par rencontrer au coin d'une rue la sorcière blonde, reine et maîtresse d'insectes. Elle me reconnut immédiatement pour être ce chasseur criminel empoisonneur de ses créatures créations miniatures. Son regard bleu me déchira, me transperça au point que devenu transparent j'en tremblai, que j'en parlai, parlai, parlai et n'eus plus de cesse jusqu'à ce qu'elle m'ait pardonné. Je lui baisai les mains, bourreau rédempté à qui l'on inflige pour pénitence le manque à se traîner à deux genoux devant la bibliothèque en guise de bourrage de pages par tous ses orifices lui bouchant l'inspiration alors qu'il rampe aux pieds de la déesse et qu'il n'ose porter ses regards, son désir difforme sur elle. D'un mode déboîté dont il a honte, lui le laid d'âme épinglé. Qu'elle était belle, l'humaine !

Œdemera nobilis.
Potosia opaca.
Volucella zonaria.
Xylocopa violacea.

Pourtant mon enthousiasme ne trouve ni limites ni soulas, et toujours l'érection de mon regard se tend vers certaine mouche prédatrice asile frelon ou certaine guêpe ammophile rapteuse de chenilles. Que l'on soulève n'importe quelle jupe, n'importe quel pot de fleurs et l'on y trouve en abondance des scorpions *Euscorpius flavicaudis* qui me ravissent, que j'avalerais bien volontiers avec un peu de sucre si nous nous mettions tous à table, elle en particulier. Dévorer le trou de terre d'où est sortie la cigale, le conin insecte doublé de soie, ou le boyau culier qui la soulage des soins de l'inspiration. Certes, ces deux voraces altruistes volatiles ci-dessus cités, je n'ai pas essayé de les capturer : je ne fais vraiment ma pâture que de végétariens, d'insectes ruminants brouteurs de fleurs et autres punaises phytophages. Il me faudra donc les décrire en détails un autre jour, car qui oserait s'insérer sous la peau ces tigres du petit monde ? La loupe plumitive seule nous en protège, dressant la cloison de son verre grossissant entre notre œil conscient et ces autres nous-mêmes, nos autres noumènes. La carnivorophagie dérange et je dois encore m'acheter un filet à papillon, emplette que j'ai jusqu'ici retardée par crainte du vol.

Cicada orni.
Lyristes plebejus.
Calliptamus italicus.
Œdipoda cœrulescens.

Et maintenant, comme l'insecte, nous allons changer de peau, changer de forme, tandis que notre « être intérieur » subira sa plus extraordinaire liquéfaction. Peut-être cette métamorphose nous donnera-t-elle la chance de passer un instant par le rien.

*

Nous lisons chez Maeterlinck le sort terrible réservé au mâle, la reine future qui arrache en plein vol et emporte avec elle ses organes reproducteurs. Qu'importe, si, même extérieure, une complétude demeure.

L'insecte respire par ses stigmates abdominaux qui laissent passivement entrer l'air dans les trachées. N'est-ce pas ainsi que respirait le Christ après sa mort et résurrection que je ne peux voir autrement que comme une métamorphose tant son corps enveloppé de voiles ressemblait à une chrysalide ? Par les plaies de ses mains, de ses pieds, de son côté ? Ne sont-ce pas nos plaies qui nous font respirer en nous ouvrant au monde, en mettant au jour notre abject intérieur ? Confession violente.

L'araignée, elle, scelle et descelle aisément le bouchon de toile, de salive et de boue qui ferme l'entrée de son terrier. Mygale némésie (*Nemesia manderjermae*) qui tisse et détisse nos mémoires sur les cartes de sa vengeance ; on s'y englue. En sortant du tombeau, Jésus réapparaît à Marie-Madeleine (toujours elle, toujours là où il faut) et aux Onze, puis s'élève hyménoptère dans un vol nuptial pour l'ensemencement spirituel de ses disciples. Saint Thomas, avant Malpighi, Réaumur, Hubert et Fabre, fut le premier entomologiste, et Longinus, le légionnaire qui d'un coup de lance perça le flanc du Christ, ne fit qu'ouvrir la voie, qu'annoncer la tâche du chasseur d'insectes. Le Christ aurait pu être crucifié dans une boîte. Dans un vieux pot de fleurs, j'ai enfin trouvé une chrysalide, joyau brun-rouge ciré. Les yeux et les ailes ne sont qu'en germe, mais déjà nettement dessinés. J'essaye de voir si son intérieur bouge.

J'invoquais au début de ce livre une contrée exemplaire, l'Inde, terre de destruction et de reconstruction, qui ne semblerait pourtant pas être plus spécialement qu'une autre le domaine des insectes. En lisant Michelet, on se sent de plus en en plus convaincu que l'insecte est un outil vivant de la *shakti*, l'énergie féminine qui dégrade et régénère le monde. Que ne sommes-nous jaïns, nous promenant un voile devant la bouche pour éviter d'avaler le moindre moucheron !

Tout nous porte à croire que chenille et papillon ne font qu'un. Réaumur, dans une chenille âgée d'à peine quelques heures, trouva les œufs du futur papillon. La larve ne serait que le masque de l'adulte. Pourtant, il existe une irréconciliable différence entre le masque et le porteur du masque. Lorsque le second met le premier, il disparaît. La larve est le fantôme de l'adulte futur, mais cet adulte futur n'existe pas. Et si la continuité, le sens de l'histoire, n'étaient que des illusions des sens ? Les saintes sectes nous font vibrer, nous tirent la larme de l'œil simplement parce qu'elles élèvent à la plus haute dignité un enfant, une larve à la mamelle masque du dieu.

L'enfant croit qu'il va se faire dévorer par les vers. L'enfant croît pour se faire dévorer par les vers. J'ai connu un homme qui s'était fait manger par les mouches. Elles étaient sorties de terre et lui étaient entrées par les pieds. Elles étaient montées le long de chaque fibre nerveuse, se regroupant au niveau de la moelle épinière, et lorsque je le rencontrai, elles se déversaient à flots du puits de ses yeux vitreux. Des vagues de mouches qui débordaient moussues de son âme. Son regard parlait la parole insecte tandis que sa langue ne disait rien, passive, mue par le tamanoir du fond de sa gorge qui aurait dû se douter que quelque chose ne tournait pas rond.

L'homme-insecte est agi comme le sexe de Montaigne. C'est la partie qui ne lui appartient pas qui décide ; mais loin de tout automatisme, je, tu, nous répondons aux lois du genre qui nous cataloguent en suceurs, piqueurs, broyeurs, utiles, nuisibles. D'une morale biologique, hélas ! l'insecte est maître de la pensée d'avant la vie. Cet homme était un chiffonnier. Il enveloppait l'histoire des vivants dans des fripes et des frusques, des haillons pleins de puces et de poux. C'était une lente accrochée aux cheveux de sa mère la terre. Un parasite parasité, mode de relation qui enchaîne pour l'éternité les êtres les uns aux autres.

Mais avant de temporairement conclure, le cœur arraché sur l'autel aztèque du vice entomologique, ne devrais-je pas me demander quels sont pour de vrai ces insectes sacrificateurs qu'entêté je cache ? Sans doute pas. Je ne sais finalement rien d'eux. En tout cas pas leur « pourquoi ? », et dire que cette chasse patrouillage est une métaphore, une allégorie, une recherche de l'inspiration ou des éléments qui la composent me paraît bien restrictif. Des simagrées. Que les insectes soient partout est la seule donnée que je veux maintenir dans le champ de ma conscience. Leur extension multiple, parcellaire, environnante, est la seule connaissance qui me satisfasse tout en prévenant l'épuisement. Un désir qui se comble sans pour autant disparaître.

A ce désir de préhension succède sans l'effacer un sentiment de gratitude pour ces cloportes multi-pattes qui peuvent se reproduire sans mon aide, sans que j'y sois pour rien. Je les laisse ainsi noumènes foisonnant nous couvrir de leurs mandibules et pompes aspirantes. Et qu'ils ne se fassent surtout pas voir ! Sinon sous la forme d'un lucane écrasé sur le trottoir le lendemain matin en allant à la gare.

Les communes de Pino en Corse et de Liepvre, Haut-Rhin, sont envahies par des chenilles. Il s'agit des larves d'un papillon de nuit *Portethria dispar*, communément appelé bombyx disparate, ou zigzag, ou bombyx spongieux (comme certains cerveaux qui dans le temps nous occupèrent), qui dévorent allègrement les feuilles des arbres, en particulier celles des chênes verts. Pendant le mois que dure sa vie, la chenille de bombyx disparate se nourrit avec beaucoup de voracité. Au contraire, les adultes ne mangent pas durant leurs quinze jours d'existence et n'ont même pas d'organes buccaux. Ils vivent sur leurs réserves accumulées au stade de chenilles (un ami me mentionnait l'autre jour la femelle *palingenia* qui est fécondée et produit ses œufs avant même d'avoir complété sa métamorphose, et qui meurt ensuite mère avant d'être née fille). L'échenillage était obligatoire au moins jusqu'au siècle dernier, mais il représentait un gros travail et semble être tombé en désuétude.

Suis-je une mouche ou une chenille ? En tout cas certainement pas un papillon, même de nuit. Irrésistiblement je me sens attiré par mon prochain sujet que ces mites sans bouche me dénient. Il faut se nourrir pour se reproduire et la manducation invite à l'amour. Il me faut à tout prix sortir de ce cycle infâme d'attraction-répulsion.

« Une mouche survient, et des chevaux s'approche. »

Les chevaux me seront plus utiles que les hommes
Dans ce voyage aller simple vers les Pyramides
Du savoir de la négligence du vouloir-vivre jusqu'à la fin
Les rencontres s'escaladent et s'éboulent
Comme des châteaux de cubes démolis
Par ma Fille du Monde la maîtresse propriétaire.
Je n'y peux rien et ne voudrais plus
Accorder aucune importance aux passages de ces courants
Électriques aquatiques planctoniques fluides
Dont l'objet perçu s'irise et s'altère ; j'ai soif :
Je bois donc dans la coupe crânienne
De mes maîtres m'enseigne sans savoir

Jusqu'où ira la lance javeline aspic de ma vie,
Jusqu'où elle sera plongée dans la coupe graalienne
De la Galilée aveugle qui saigne.

Hommes pyramides jusqu'à la fin démolis
Du monde de ces courants j'ai soif sans savoir
De ma vie graalienne la Galilée aveugle qui saigne.

La pureté me semble un concept dangereux.
J'offre un texte souillé, « matérialisme sublime »
Plein de médiocrité et de lieux douteux
Qui n'a que son besoin pour le faire exister.
Le sujet est haïssable. Cependant il faut proscrire
L'emploi du défini « nous » et de l'indéfini « on »
Dans la même phrase sous peine de voir s'opérer
Une fracture multiple de l'identité, bombe
Lorsque la fragmentation est parvenue à son comble,
Il ne nous reste plus qu'à mettre en boîte la religion.

Cornes tachées et masses roses de chair gélatine
Frémissant aux commissures du bec,
Les trous noirs des oreilles perdus sous les mèches
De poils gras plaques de pailles et de terre,
Une peau géographique dessinant la carte
La mer et les îles d'un monde de poux,
L'ensemble capital d'un côté, les globes
Des yeux te regardent de l'autre,
Plusieurs bras t'appellent et te caressent tes mots,
Puis te tranchent la tête d'un sabre
Traversant le ciel entier.

Les pieds danseurs écrasent
Un supplémentaire massacre
De membres tordus. « Sur ma face,
Dans ma danse immobile, mon pied
Frappant inattendu et profond
Sera la seule indication
De mon sentiment croissant. »

« Va-t'en, chétif insecte, excrément de la terre ! »

MÉCONNAISSANCES DU POÈTE

à E. A.

Depuis longtemps déjà les insectes me travaillent. Enfant, j'ai tant de fois relu *La Métamorphose* que j'ai presque fini par me transformer en livre.

Lors d'un colloque sur André Breton à l'Institut d'Études Romanes de Londres, une conférencière mentionna et décrivit brièvement un tableau du peintre surréaliste Matta dédié à Breton, *Un poète de ma connaissance,* daté de 1947-48. Il s'agit d'une créature monstrueuse mi-humaine mi-insecte qui braque sur le spectateur un revolver dont le canon a la forme d'un trou de serrure. Je n'ai jamais aimé les peintures surréalistes à clés qui peuvent quasiment se décrire par téléphone, le mystère étant un peu trop apparent et, je dirais, en surface. Mais celle-là éveilla instantanément mon attention. C'était surtout la conjonction de l'insecte et du poète qui m'attirait, car elle est plutôt rare. Je flairais de possibles réponses à certaines questions que je me posais alors, réponses symboliques à un questionnement vivant qui demeurerait forcément insatisfait, mais il fallait quand même essayer.

La conférencière opérait une lecture faisant ressortir le paradoxe de ce revolver braqué, à partir des rapports ambivalents qu'entretinrent toujours chez Breton le politique et le poétique. Suivant son interprétation, cette arme était le lieu d'une inclusion du spectateur au sein même de l'exclusion dont elle était le signe apparent. En effet, ce revolver était tout autant une invitation à pénétrer à l'intérieur, ou tout au moins à jeter un petit coup d'œil voyeur par le trou de cette serrure, qu'une menace mortelle. Il s'agissait en quelque sorte d'une convocation par la provocation, d'un éveil brutal un peu terroriste au désir de connaître. Mais qu'y avait-il derrière cet ouvert une fois ouvert ? La connaissance qu'avait Matta de ce poète ? Peut-être. L'âme du poète – comme on parle de l'âme d'un canon ? C'était tentant. Mon voisin continuait à soutenir que la principale invitation proposée ici était de se faire flinguer. Si l'on maintenait le paradoxe, il s'agissait sans doute des deux : la connaissance que l'on pouvait obtenir de ce poète était nécessairement dangereuse, une vraie menace pour notre conscience, de classe réductionniste et dualiste. Il fallait à tout prix que j'aille « m'y jeter un œil ».

Tout en écoutant d'une oreille maintenant distraite la suite de l'intervention, l'image m'assaillit : celle d'un scarabée à tête d'homme, de la taille et de la brillance métallique d'une petite voiture couchée sur le ventre face à moi et me regardant droit dans les yeux. C'était là le poète. Il braquait effectivement dans ma direction, outre ses yeux cloisonnés, ses antennes et ses mandibules, un revolver d'un curieux calibre qui m'interpellait, me questionnait plus qu'il me menaçait. Que pouvais-je faire en face d'une telle chimère poétique ? Rien d'autre, sinon l'effacer au plus vite de ma conscience, ou plutôt de l'écran de mon champ de vision intérieure, car de conscience il n'y en avait point vraiment tant cette image m'avait été violemment imposée par l'extérieur. Cela afin de pouvoir me re-concentrer sur le discours universitaire qui était, lui, tout à fait pertinent. Pourtant, l'éclat vert-bleu de la carapace s'attardait encore comme un relent venant couvrir la voix de la conférencière, et la trace d'un désir entraperçu m'empêchait de diriger toute mon attention vers ses analyses.

— Histoires de politiques mal ajustées, me chuchotait mon voisin. Trop d'emmerdeurs idéalistes.

J'ai toujours pensé que les anciens Égyptiens avaient réussi une merveilleuse union entre les règnes dans leurs représentations divines mi-animales mi-humaines. Sans être dégoûtés, ils n'avaient pas hésité à unir sujets et objets dans un rapport triangulaire ouvrant sur le sacré qui les sauvait du ridicule humain. Après tout, nos désirs écologiques de complétude et de conservation pourraient bien prendre exemple sur eux. Une fois dépassé le malaise initial qui nous étreint dans certaines galeries du Louvre, du *British Museum* ou du Musée du Caire, c'est bien dans le confort de réponses sans questions que nous nous laissons glisser en contemplant les dieux Seth, Horus ou Anubis, les déesses Sekhmet ou Hathor : un lavage de crâne fort propice à une certaine forme de libération, ou tout au moins d'abandon dans l'issue des fuites.

Peut-être bien que j'ai une gueule de tortue, ou de vautour ; et alors, qu'y puis-je ? Peut-être que malgré son revolver braqué, ou justement grâce à lui, c'était cette issue des fuites que le *poète* de Matta allait m'offrir. Je pensais qu'une amie historienne de l'art, qui allait d'ailleurs intervenir à son tour un peu plus tard, pourrait certainement me procurer une reproduction de ce tableau. *Un poète de ma connaissance* deviendrait pour de bon un poète de *ma* connaissance. Peut-être même qu'avec beaucoup de patience, d'efforts et d'attention, je deviendrais *le* poète de *ma* connaissance. Je parviendrais ainsi, rien que par le regard, à poétiser ce que je savais déjà sans même en être tout à fait sûr. Je mordrais dans la pomme qui tue le Grégoire de Kafka. Ce serait un gain certain.

Qu'est-ce qu'un *hasard objectif* ? Le hasard s'oppose au destin. Bien. Le hasard, c'est l'arbitraire détaché de toute signification préalable, en quelque sorte *creux de sens*. Mais alors pourquoi avoir besoin de le qualifier d'objectif ? Si l'on parle de hasard objectif, c'est sans doute pour l'opposer à un hasard subjectif. Mais que serait ce hasard subjectif ? Un hasard qui s'imposerait de l'intérieur, un hasard dont nous emplirions le creux de sens par une quelconque préfiguration, un devenir de l'image ou du texte en passe d'être élaboré ? Le hasard subjectif se nierait lui-même puisque à partir du moment où il appartiendrait à notre subjectivité, nous ne pourrions nous empêcher de lui donner un sens, de le réduire en esclavage. Le hasard subjectif serait l'amorce d'un devenir-sens dont le hasard objectif serait totalement libre. Mais alors, parler de hasard *objectif* serait tautologique. Le hasard n'est-il pas nécessairement objectif ?

Dans *L'Amour fou*, Breton semble répondre à cette objection. A partir du moment où il définit le hasard comme « la rencontre d'une causalité externe et d'une finalité interne », il veut nier la séparation entre subjectif et objectif, et saper les bases de la logique matérialiste. Il le fait d'ailleurs encore plus clairement ensuite en posant pour fondement du surréalisme *un comportement lyrique* qui unirait le « réel » et l'« imaginatif » dans un mouvement animé par le désir créateur. C'est une volonté admirable dont peut-être le texte ou le tableau peuvent rendre compte, mais pas moi. Car ce *moi* une fois de plus n'y comprend rien, n'y peut rien sinon douter et chercher à s'éliminer une bonne fois pour toutes. En tout cas, pour ce qui est du désir et du hasard objectif, en voici un exemple :

Je n'avais pas encore exprimé ouvertement mon désir de voir une reproduction de ce fameux tableau de Matta que mon amie m'en montrait une. Sans connaître à l'avance le contenu de la précédente intervention, elle avait décidé d'ouvrir la sienne en projetant sur l'écran placé à côté d'elle précisément une diapositive d'*Un poète de ma connaissance.* La coïncidence amusa l'assemblée et me laissa pantois : quelle déception ! Quel décalage entre ma vision intérieure et la réalité de la représentation extérieure (dans la mesure où une telle chose existe) ! Aucune précision entomologique. Ce n'étaient que des symboles graphiques qui apparaissaient, et encore de la pire espèce. D'abord, ce n'était pas un corps d'insecte à tête d'homme, mais l'inverse, une vague silhouette masculine au sexe à peine évoqué, coiffée d'une tête qui se voulait d'insecte. Et puis ce n'était pas une tête de coléoptère mais plutôt de fourmi, avec des antennes mal placées et des yeux impossiblement clos. Une ébauche ! Un schéma ! Un signe d'insecte ! Même pas un regard à échanger avec ce signe qui me laissait à plat, une fois de plus livré à moi-même, ce *moi* encore et toujours le même. Quant aux couleurs, au lieu du vert-bleu brillant que j'avais imaginé, c'étaient des roses et des jaunes mats et criards. J'en étais presque en colère. C'était là le poète !

Mais ma frustration et mon agacement ne provenaient-ils pas justement du manque de coïncidence qu'il y avait entre les deux séries causales de mon désir errant et des développements de l'histoire de l'art que j'avais cru pour un moment parallèles ? L'échec était patent et l'ironie flagrante. La rupture une fois de plus consommée. Je n'arriverais jamais à connaître quoi que ce soit du poète par la rencontre d'une vision et d'un raisonnement, *a fortiori* d'une vision et d'un hasard. Pire, c'était à désespérer de l'utilité de toute représentation.

Mais qui s'aventurerait à l'intérieur d'un cétoine ou d'un bousier pour essayer de comprendre quelque chose à la poésie ? Et les Égyptiens s'étaient bien gardés, eux, d'équiper leur scarabée sacré d'attributs humains. La tâche de faire se lever et se coucher le soleil était trop sérieuse pour être confiée à un humanisme même partiel. Pourtant, la fascination exercée par ce tableau est indéniable. Au-delà du schéma, il y a une violence qui peut s'apparenter à ce que Bachelard retient avant tout de l'essence dynamique animale – liberté et agression – qu'il localise particulièrement dans l'œuvre de Lautréamont. Cette impassibilité de tueur aux yeux mi-clos nous convoque pour nous régler notre compte. Nous n'en menons pas large. S'il appuie sur la détente, nous sommes foutus. C'est notre déterminisme qui se fera descendre et c'est l'arme de la liberté que cet insecte-poète révolutionnaire brandit. C'est donc en face de cette liberté et de cette agressivité animale que Matta nous place et se place lui-même. Un peu de l'essence du poète peut alors par là se comprendre et se connaître. Ce n'est plus une serrure que l'homme-insecte dirige vers nous mais une clef. La clef pour ouvrir la serrure de notre compréhension, de notre connaissance en tant qu'animal poétique. Comme le souligne Dominique Dozo, Matta aimait répéter qu'il ne savait pas comment il était devenu peintre, de la même façon que Lautréamont (le Grand Serrurier !) ne savait pas comment il était devenu poète. Deleuze, avant de briser le cocon qu'était devenu son souffle, aurait répondu : par le devenir-animal.

Dozo veut également voir dans ce tableau autant un autoportrait de Matta qu'un portrait de Breton, et pour lui, cette peinture serait un « témoin » et un « exorcisme ». S'il y a un témoignage porté dans ce portrait ou cet autoportrait cruel, c'est celui de la dérive du moi spectateur, et s'il y a un exorcisme, c'est celui de toutes les forces obscures, opaques, inacceptables car antipoétiques qui font de ce moi spectateur un *moi*.

En Asie, les démons hideux placés à l'entrée des temples sont plus là pour effrayer et repousser les forces du mal que pour empêcher les fidèles au cœur clair d'y entrer. Le moi non-poétique est donc lui aussi en jeu. Le fait qu'il s'agisse d'une tête d'insecte sur un corps d'homme n'annihile pas encore totalement le moi du spectateur visé, puisque la métamorphose n'est que partielle, mais le déplace, l'envoie sur ce que Deleuze appelait une *ligne de fuite*, le mouvement métamorphique en cours qui dirige notre moi spectateur visé vers l'issue des fuites. C'est un secours que le poète apporte à l'être en fuite, à l'être qui ne veut plus se voir dans le miroir de la représentation. Cet insecte agressif n'est plus notre meurtrier mais notre sauveur, celui qui, en tirant, nous tirera hors de l'alternative entre intérieur et extérieur, subjectif et objectif, imaginaire et réel.

Je désespérais tout à l'heure de l'utilité de la représentation. C'était à vrai dire la quête d'une utilité qui me désespérait. Le coup de feu prêt à partir va nous en libérer et nous laisser enfin pénétrer dans cette représentation libre et gratuite d'un homme à tête d'insecte et au revolver fumant, nous libérer par la même occasion de tout désespoir questionnant.

Dans les années 30, Breton s'était choisi comme animal emblématique le tamanoir, ou grand fourmilier. Replacer cet animal dans la perspective d'un tableau qui donne à Breton une tête de fourmi, c'est en faire le dévorateur de lui-même. A Matta, à Breton, au poète tamanoir, fourmi ou scarabée, nous n'avons plus qu'envie de hurler :

— Alors, qu'est-ce que t'attends ? Allez ! Vas-y ! Tire !

CAR CELA, TU L'ES AUSSI

à I.S.

Mettre la tête sous le pied
D'un éléphant et attendre
La pénitence d'Arjuna.
Écrire une carte postale
A Maman pour lui dire
Que moi aussi je suis allé là-bas.

A la racine de la colonne, au carrefour, patte d'oie, trois routes : l'une d'où tu arrives, la gauche peuplée de fantômes, la droite de gens en foule qui ne sont pas d'ici. Allant à leur rencontre très vite tu t'éteins, et c'est ainsi que ceux d'hier s'entretiennent avec ceux d'aujourd'hui, au carrefour, dans la poussière.

(Ma grand-mère s'appelle dans ma femme qui est ma mère.)

Les uns sont blancs, les autres bruns. En un pays où les germes s'étalent, ils entament un dialogue de sourds sous la voûte (du ciel) dont seul l'écho revient. Ils parlent, *no doubt*, de ce qui a eu lieu, pris place, de naissance et de toi. Les conversations coulent, s'unissent comme filets d'huile vers un sens unique sans vraiment que tu puisses en comprendre un mot, là, debout, au carrefour. Et dans ton dos, silencieux mais agités, se pressent tes animaux antérieurs, toutes ces formes que tu as traversées : poisson, éléphant, phalène, abeille, daim, tous comme toi victimes d'un seul de leurs sens ; *Tat tvam asi*, car cela, tu l'es aussi. Et peut-être sentir ce qu'il y a derrière ce que l'on voit.

A l'aéroport, des femmes en toge kaki. Tout le monde tousse. Ici nous sommes blancs des animaux rares et pourtant infimes maillons de la chaîne humaine. Mercredi soir. Arrivée de nuit. Neuf heures de retard. L'Inde se refuse toujours. Et puis non, de nuit comme de jour elle est là, étalant son merdier calme. Un type a la tête et les mains peintes en rouge.

A l'aéroport en transit à Bombay, un passager jette un coup d'œil dehors, respire et me dit :

— Hmm ! ça sent l'Inde…

Oui, une odeur de poussière. Ça sent ce que nous sommes ou ce que nous deviendrons : une odeur de corps lyophilisés, une odeur de mainate becquetant les restes d'un chien. Et ce que tu vois, c'est l'ordure que voit le milan pariah. Plus tard dans la nuit, le bâton d'un aveugle qui ne sait pas que c'est la nuit tape contre les murs. Car cela, tu l'es toi aussi.

QUTAB MINAR PARK. Tous ces corps, ces bras, ces seins, ces torses, ces faces de pierre ou de bronze, c'est comme un manque de sommeil qui tomberait sur vous, qui drainerait vos yeux. (Nataraja) Viens te placer sous la protection de mon pied levé. Elle s'est coupé la tête tout en faisant l'amour agenouillée sur l'esprit du corps mort. Le sang pisse et il faut le recueillir avec joie.

Red-vented bulbul : Pycnonotus cafer.
Whyte-cheeked bulbul : Pycnonotus leucogenys.
Hoopœ : Upupa epops.
Rose-ringed parakeet : Psittacula krameri.
Pariah kite : Milvus migrans.
Common myna : Acridotheres tristis
House crow : Corvus splendens.

Un jeune mendiant les jambes teintes en rouge. Ce n'est pas de la teinture, c'est du sang. Maladie de peau. Les jambes une plaie. En fait, il n'a plus de peau. Satish me dit :

— La famille, le sanctuaire et rien d'autre.

Ce renoncement au monde il pourra le choisir à chaque instant de chaque existence. Tandis que certains s'avancent déjà vêtus d'espace.

AU CANCER DE SHIVA NATARAJA
(Seigneur de la danse)

Lorsque le centre de la toile attend
La croisée des fils de soie
Et ne sait plus ce que devenir veut dire,

L'abîme entier s'agite au-dessous
Des poutres des flammes du Toi ;
Araignée chaude.

Araignée la tumeur qui s'étend
Sans dire son nom glorieux.
De la mort la vie naît s'arrache ;
Araignée danse.

Elle est en bronze et noir s'annonce
Pierre
Du feu d'où la compression explose.

L'archet est là aussi il frotte
Les cordes pour le son aigre,
Le rythme barbelé chasseur de mondes.

Il faudra le ramener. Le son ne pourra plus
Se détacher de la capture chancelante
Et du poing fermé il la soutiendra.

Soleil couchant : cérémonie d'offrande à la lumière. Le prêtre, de la main gauche, agite une clochette symbolisant la vibration cosmique primordiale et de son autre main présente à la divinité les cinq éléments : l'eau contenue dans un vase de bronze sonore ; la terre sous la forme d'une fleur ; le feu sous la forme d'une lampe à huile ; l'air sous la forme d'une queue de yack battue ; et le cinquième, celui qui enveloppe tout, l'éther sous la forme d'une pièce de tissu.

SULTANPUR BIRD SANCTUARY : un point d'eau. Un marais asséché. Des îlots de broussailles et d'arbres menus surélevés. Des joncs arides à perte de vue. Des perdrix qui s'envolent par dizaines. Une grosse vache bleue se lève. C'est un énorme cheval avec des cornes qui s'enfuit d'un trot gracieux. D'autres dans le lointain : nilgaus. L'Inde de la Préhistoire : un paysage où les humains accroupis ne sont plus que des tas de chiffons multicolores emplis de sons. Gurgaon, les antres de la ferraille.

Little egret : Egretta garzetta.
Grey heron : Ardea cinerea.
Paddy bird : Ardeola grayii.

White-necked stork : Ciconia episcopus.
Black-necked stork : Xenorhynchus asiaticus.
Spoonbill : Platalea leuroradia.
Sarus crane : Grus antigone.
Common sandpiper : Tringo hypoleucos
Grey Hornbill : Tockus birostriis.
Indian roller : Coracias Benghalensis.
Dusky Cragmartin : Hirunda concolor.
Whyte wagtail : Motacilla alba.
Baybacked shrike : Lanius vitatus.
Pied bushchat : Saxicola caprata.
Pyed mina : Sturnus contra.
Black drongo : Dierurus adimilis.

HARRAPA, MOHENJODARO. Il existait là une religion de la déesse-mère liée à la vache et au taureau. Pèlerinage à la source d'une vulve entre les cornes. Les oiseaux d'avant la mort. Comment ne pas être attaché à la mère lorsque c'est elle qui se détache et que nous la voyons s'éloigner ? Alors que nous flottons en apesanteur, nageant dans un éther n'offrant aucune résistance ? Une ligne rouge verticale au front, nous prenons un châle et nous nous en couvrons la tête non pas en signe de deuil, ce qui n'aurait ici nul lieu d'être, mais en signe d'union, car cela, tu l'es toi aussi.

CHANSON À MYLAPORE. Les cigales se lèvent avec la lune. Robert Clive baignant dans son luxe (Coromandel) pense aux froids qu'il a quittés et au froid qui ne le quitte jamais, pense au devoir qu'il se fait d'offrir son crâne à Shiva (Kapalishwara).

Saint Thomas écoute ces mêmes cigales sur sa colline, pense au doigt qu'il plongea autrefois dans les plaies et aux brahmanes qui ensemenceront de sa chair les champs – moisson, mousson, mission, si loin de Judée.

A la saison des pluies des têtes sculptées émergent du sol délavé parmi les feuilles, filles de la déesse-mère. Qui les voit se retrouve enserré dans la fente d'un tronc vert qui se referme et lentement le broie. Au suicide, au martyre, au sacrifice, toujours nous remontons pour nous dépouiller de ce qui nous fait penser (envoi).

Large grey babbler : Turdoide malcolmi.
White-breasted kingfisher : Halcyon smyrnensis.
Black-winged stilt : Himantopus himantopus.
Golden oriole : Oriolus oriolus.
Pied kingfisher : Ceryle rudis.

Lentement le serpent se dresse et l'énergie s'élève du fond de l'antre des dieux. Les prêtres officient là où personne d'autre qu'eux ne peut entrer. C'est comme un ventre, la chambre utérine ; y jeter un coup d'œil porte autant d'obscénité que plonger la tête dans une vulve. La mère, par de multiples signes sa présence est attestée. Vishnou sanglier plongeur saura repêcher la déesse coulée dans l'océan de nos organes.

VISHNOU DÉCAPITÉ. Une fois de plus, Vishnou a perdu sa tête profanée par quelque pillard affamé. Son cou porte encore les marques de la hache cruelle et le poids de cette tête à la main me renfonce dans un sol profond de plusieurs années. C'était en coupant un arbre, me dit l'antiquaire. Oui, le banian, l'arbre de vie aux racines aériennes si nombreuses que nul homme, nulle hache, nulle faim ne peut en venir à bout.

Vishnou, ta tête me suit, car cela, tu l'es aussi, et ton corps de métal refondu à ce jour perdure. Comme une de tes vaches, viens me traire, viens !

MAHABALIPURAM. La roue du temps butte contre des murs très-épais entourant un champ, un terrain vague, un taudis, des ruines, rien le plus souvent. On peut aisément imaginer les processions escaladant ces dormes de diorite portant comme des fourmis parasols leurs fardeaux dévots.

(Le jour de Noël, 25 décembre 1991, Hannah prend le premier bain de sa vie dans la baie du Bengale : née petite divinité enfant future mère qui s'asperge de sable liquide et de coquillages.)

Quatre sortes de bovidés : petites vaches laitières marron et leurs veaux ; vaches errantes plus hautes style zébu aux longues cornes en forme de lyre ; bœufs de trait blancs aux cornes toutes droites rejetées en arrière ; buffles noirs aux cornes très recourbées couchées sur le garrot en forme de moustaches. Quatre ou cinq variétés de larges papillons. Des tribus d'intouchables hantent les parcs, trottoirs et cavernes de la ville. Des centaines de crocodiles entassés les uns sur les autres sentent le poisson au bord d'étangs vert fluorescent. Les pêcheurs sur des radeaux si minces qu'ils semblent marcher sur l'eau se déploient en deux files, rabattent leur gibier et lancent l'épervier tous ensembles en cascades de syllabes agglutinantes.

LAGUNE DE PULICAT. La mer est presque aussi peuplée que la terre. Ici l'homme n'est qu'un minimum. Il y en a tant. Tu vis, tu fais partie. Tu meurs, tu ne fais plus partie. Enfants, vieillards, si faible est la différence. La masse humaine une pellicule à la surface du paddy. Un arbre semble avoir plus d'identité qu'un homme.

Un petit garçon fait tomber sa charge de bois si lourde qu'il ne peut seul se la remettre sur la tête. Ils suspendent un mannequin aux bâtiments en construction tandis que les tours de refroidissement de la centrale tombent en ruine, grands cônes édentés. Qu'est-ce que les Hollandais du XVIIe siècle pouvaient bien venir foutre sur cette côte désolée ?

Painted stork : Ibis leucocephalus.
Black-winged kite : Elanus caeruleus.
Pallid harrier : Circus macourus.
Painted Partridge : Francolinus pictus
Little ringed plover : Charadius dubius.
Little stint : Calidris minutus.
Curlew : Numenius arquata.
Indian river tern : Sterna aurantia.
Palm swift : Cypsiurus parvus.
Ruff : Calidris ferruginea.
White pelican : Pelecanus onocrotalus.

COROMANDEL. Il y a tant de bruits qu'ils absorbent la vue comme un buvard l'encre. La peau de mon crâne cuit. Les premiers temples étaient creusés dans le roc. Les *gopurams* ne sont qu'une élévation ouvragée de ces crocs. On pourrait peindre la terre. Je ne veux pas perdre mon effacement. Mon petit bébé rose et gras se prélasse. A perte de vue les radeaux noirs rangés, les filets en tas, masses cotonneuses pâles, et des hommes de métal sombre accroupis au travail.

Un cheval dont tout l'arrière-train manque
Dévoré par le dragon du vide mange
Du riz en épis les cheveux de ma mère.
Qui osa le premier représenter Bouddha ?

On creuse et décore des grottes pour nous faire croire. On dresse des stupas pour nous faire croire. On plante l'image des dieux dans les cours et aux carrefours pour nous faire croire. Et bientôt, ce sont en ces tiges musculeuses brunes d'hommes que nous ne voulons plus croire. Des ombres, femmes, vieillards ou bébés, un théâtre d'ombres plus ou moins charnelles à voir et à manger comme des sucreries mexicaines. Ogritude : les Indiens avaient raison, les Blancs sont cannibales. Au lieu de porter une gaze pour éviter d'avaler ces poussières animées, nous ouvrons tout grands notre bouche et nos yeux : les Grottes du Tigre. Sans doute la terre nous engloutira-t-elle un de ces jours, mais en attendant c'est nous qui dévorons ses créatures, car cela, nous voulons l'être aussi.

(Un chien noir ronge le ventre d'un veau blanc. Ce tigre pris dans un sac en toile de jute, j'essaye de l'étrangler malgré sa force considérable.)

BHARATANATYAM. Hannah, ma fille d'un an et demi, regarde bouche bée la danseuse car cela, elle l'est elle aussi, la musique lui entrant par la bouche, les yeux, les oreilles, les pores, le ventre, vibrant dans ses boyaux à peine formés, atteignant les centres nerveux, y imprimant le rythme du monde, de l'Inde, de la femme, du lait baratté dans chacune de ses cellules.

Errer entre les colonnes, un labyrinthe de statues. Certaines salles n'ont qu'une entrée, pas de sortie. Il est difficile de ne pas se laisser imprégner par les odeurs du désir d'être un corps, une bouche, des yeux, des oreilles, des narines, une peau qui enveloppe cette danse. Les ventilateurs tournent sous l'œil de Ganesha. Spectacle offert à Shiva. C'est Shiva qui nous l'offre. Un éventail entre les jambes, la danseuse perd ses pétales comme un jeune arbre secoué. Nulle rupture, tant dans la sculpture dénudée que dans la danse voilée, les seins prédominent. La sueur ruisselle sur son corsage.

Odeur de sueur, de fleurs et d'urine. Ce que sont ces filles, des réceptacles, des vases qui s'agitent pour la liqueur du temple. Le naga danse sur la peau d'un éléphant. Il darde, ouvre ses mâchoires, ses dents si blanches. Ses mains sont vierges, ses hanches porteuses d'enfants. Maillon présent d'une chaîne de matière. Elle bande l'arc de sa sueur, tire la flèche de sa croupe. Le dragon pour une fois crache des fleurs. La salle entière s'enfle comme une poitrine.

OÙ LE CRÂNE ÉCLÔT. L'écriture est l'art de peindre la parole et de parler aux yeux, où le crâne éclôt. Écrire le tantra, c'est danser sur la chaîne de ces vies qui voyagent. Durga, ayant terrassé le démon à tête de buffle, s'installe dans une niche creusée dans le corps du fauve. Tu y perds les doigts mais gagne le chant en queue de vache que tu peux saisir avant de disparaître. L'Inde se trame. L'Inde s'enchaîne. Lakshmi offre son opulence de foire, sainte Marie-Madeleine retourne à la prostitution sacrée et la vache cachée à l'aurore primordiale. Vache des désirs : sacrifice d'une parole plus redoutable encore que la morsure du cobra. Elle te montre l'énergie et presque aussitôt te la retire.

Lors, dans la nuit et la brume, des fantômes enchiffonnés marchent le long des routes. Combien de temps la nourriture prise dans un pays repose dans le corps de celui qui l'a quitté ? Qu'est-ce qui y demeure, à jamais enkysté ? Les graines excrétées et fèces de toutes formes ou substances jonchent la rive. Y germe le fleuve sanglant dont Kali intoxiquée s'abreuve.

Peafowl : Pavo cristatus.
White-backed vulture : Gyps bengalensis.

Un guide se doit d'être laid, montrant le chemin qu'on ne peut suivre. La bouche et les mains de celui-là se dépigmentent et ses yeux bourgeonnent. Le guide ne connaît pas forcément le chemin. Il l'ouvre, comme le bec du vautour fend le ventre enflé du buffle noyé. Shiva de son trident agrafe la terre.

THUGLAKABAD qu'il fallut quatre ans pour construire et cinq pour habiter, abandonnée par manque d'eau. Forteresse tout aussi inutile qu'un poème si elle n'avait coûté l'épuisement de milliers d'hommes. Maintenant peuplée de paons, de singes et de vautours. Une tête d'éléphant empaillée dans son vestibule.

Guides ou gardiens, les vautours patrouillent
Pour l'homme qui n'a plus ni nez ni bouche,
Ni yeux, ni oreilles, ni mains, ni pieds.

(Lépreux), Magpie-robin : Copychus saularis.
Peut-être essaie-t-il encore de s'échapper par l'intérieur,
Mais même la vision de son âme se retire,
Car cela, comment pourrais-tu l'être toi aussi ?

Renata in aeternum.

L'OMBRE POUR LA PROIE

Pratique de piégeage pour traducteurs

« Chacun se trompe ici-bas », nous prévient La Fontaine dans une fable célèbre. Nous entendons si souvent dire que la traduction est impossible que cela nous donne envie de nous tromper. Mais pour pouvoir tendre vers l'impossible, il faut d'abord partir, c'est-à-dire chercher l'erreur.

Le premier pas sur le trajet du traducteur serait le départ de sa langue, comme nous faisons le départ de ce qui nous est le plus cher. Il faudrait pour cela quitter sa langue mère, perdre son discours familier, s'en aller à l'aventure de la perte. Il faut être fou ou avoir beaucoup à se reprocher. Comme un chien errant affamé, nous quittons le réel pour l'image et nous manquons nous noyer dans le fleuve des mots visionnés. Il s'y fait de grands remous. Nous avons besoin d'un pont. Nous regagnons avec peine le bord, les mâchoires, les mains et la tête vides, mais le ventre plein d'eau. Et encore, quel est ce bord sur lequel nous avons repris pied ?

Donc, nul ne peut traduire sans avoir d'abord perdu sa mère. Nous avons appris à déparler, et laissé le vide, l'ombre, emplir notre tête. Nous nous sommes volontairement rendus dans un piège, une trappe, et nous nous sommes retrouvés comme un tigre en cage, pris dans l'autre langue, pris dans la langue de l'autre qui commence par être invisible, indicible, cage de verre, muets. Car les mots d'une langue à l'autre ne correspondent d'abord pas, puisqu'il n'y a pas de pont. Il est un stade où nous avons déjà perdu notre mot à nous sans avoir gagné le mot de l'autre. La perte est empirique, le déplacement un exil, une déportation choisie. Certains parleront d'ascèse. Oui, peut-être, mais d'ascèse enflée. Le prédateur avale des couleuvres. Le prédateur s'est coulé dans l'œuvre. Afin de se préparer à traduire, il faut accepter de devenir idiot. C'est un préalable, un parcours imposé, un premier temps, et les Brésiliens de l'*Antropofagista Movimiento* sont là pour nous rappeler que le cannibale a commencé par avoir faim.

Puis, un à un, les mots que nous (ap)prenons apparaissent comme les barreaux tant attendus contre lesquels nous pouvons nous cogner. La rage de l'expression nous précipite dans le baragouin étranger. Ces mots que nous balbutions tissent des liens dans lesquels nous nous débattons, extatiques, à demi asphyxiés. Lire un texte dans la langue de l'autre qui n'est pas là tant que nous ne l'avons pas formulée, c'est aussi cela : construire sur du vide et dessiner les barreaux d'une cage que nous pourrons mordre enfin. Nous oublions trop souvent que la première étape du traducteur, c'est celle du chien qui n'a « ni l'ombre ni le corps ». Alors ceux qui s'en souviennent partent pour Londres, ou ailleurs, et ils sont nombreux, les imbéciles heureux.

Même Hugo le dit : « Ils sont plus malins que le génie, ces imbéciles », car à partir de leurs pertes, ils se construisent en miroir. Pour cela, ils ingèrent les débris de leur cage de verre, qu'il a d'abord fallu briser par destin ou par défi, et c'est alors que le pont naît, le pont des reflets, le pont des ambitions trompées. Le traducteur devient ce frère pontife du créateur, qui rampe sur les poutrelles de son échafaudage branlant en croyant que le sens suit. Mais ce n'est qu'un désir de sens, goule invariable prête à l'absorber, qui le dépasse et bientôt le précède au-dessus du vide. Le traducteur ainsi perché comme un singe orphelin sur sa branche fait l'amour à un fantôme de langue seconde dans les frondaisons du sens. Cela en est ridicule, car comment peut-on imiter ce qui n'existe pas ?

Le miroir se reflétant lui-même reste vide tant qu'aucune image ne vient le troubler. Le miroir se construit une image de créateur à l'aide de feuilles souillées ; le génie de la forêt surgit et trompe son monde, formidable car naturelle escroquerie qui n'aboutira jamais, puisqu'elle n'opère que sur une infinité de transitions, jeux d'ombres et de lumières animant le feuillage. Traduire, c'est se déplacer sur ce pont des singes dans la forêt des illusions. La lumière varie et tous se battent pour avoir leur part, mais cette lumière n'est que l'absence momentanée de l'ombre, et c'est l'ombre qui produit le sens. C'est l'obscurité que nous saisissons quand nous cherchons à combler notre vide et c'est elle, trompeuse, qui nous satisfait. C'est elle que nous essuyons avec des feuilles de nos mains salies lorsque la tâche est, croyons-nous, achevée alors qu'il ne s'agit que de la deuxième étape.

« Lorsqu'il n'eut plus rien à désirer… Lorsqu'elle n'eut plus rien à lui refuser ». La traduction que l'on suppose achevée prend souvent des allures de rencontre amoureuse. Mais une fois que les amoureux se sont assemblés et accomplis, c'est le rien qui les enveloppe, un rien qui leur préexistait sans qu'ils le sachent et dans lequel ils se noient enfin à leur plus grand soulagement. Ce rien survivra à leur inéluctable séparation, assurant ainsi la pérennité du désir. Il n'est rien de plus désirable que de retrouver le rien une fois qu'on y a goûté, l'abandon absolu des formes.

Certaines théories poussées à leurs limites impliquent que les traducteurs ne traduisent jamais que d'autres traducteurs. Si c'était le cas, ce serait comme s'ils se faisaient l'amour à eux-mêmes au cœur du vide, ou mieux encore, en présence du rien. La traduction la plus impitoyable confronte notre corps défendant à ce rien qui, sous l'amour, demeure.

Si l'on consulte les traducteurs contemporains à propos de leur pratique, la plupart semblent insister sur la double articulation de la littéralité et du rythme. Cette littéralité crée dans la langue d'arrivée des « déplacements imprévisibles », lui apporte « des aliments nouveaux », « en augmente l'élasticité ». Nous en convenons tous, il est hors de question que la langue en reste là, et même si nous résistions, ce serait elle qui nous tirerait. En ce sens, notre langue à retrouver, tout autant que le texte à écrire, est un *en avant*, le bout du pont qu'il nous reste à construire maintenant que nous avons laissé derrière nous le texte qui était à traduire, simple prétexte, maniaque démon qui nous avait temporairement envoûté et dont nous essayons de nous débarrasser. Mais il colle, il poisse, il *pègue*, comme l'on dit dans ma région.

Traduire devient une affaire de dégagement. Nous avons eu le malheur ou l'inconséquence de nous embourber. Nos sens étaient confus et brouillés. Nous tirons sur eux pour nous sortir d'une gangue poisseuse. Là de nouveau se rencontrent l'humus et la souillure, la crainte de finir pachyderme fossile dans la tourbe des marais. Traduire, c'est vouloir respirer à l'air que l'on croit libre de notre naissance, c'est vouloir revenir brouter les prairies sur la rive d'où nous étions partis. Mais c'est la même. L'herbe cache la tourbière. Il n'y a qu'une rive au lac et il est si vaste qu'on n'en voit pas l'autre bord. C'est qu'il n'y a pas d'autre bord. Dans les limites de notre champ de vision, nous ne faisons jamais que traduire notre propre langue. N'en déplaise aux linguistes, la langue seconde n'existe pas. Il n'y a qu'une langue première qui se métamorphose au contact d'autres langues-démons. Et l'idée qu'il y ait un départ ou une arrivée dans ce trajet procède tout autant d'une douce illusion, d'un hypnotisme de la clarté du raisonnement.

La plus grande utilité de la traduction est de nous aider à ne jamais nous tenir en un seul lieu au même moment, à nous maintenir toujours en mouvement, en métamorphose dans notre langue comme en un prisme d'images : un pluriel éclaté. L'exigence de la littéralité s'impose alors comme un éveil aux transitions infimes qui nous animent et nous amènent incessamment à devenir autre, à brouter une autre herbe pour laisser aux pâturages le temps de se renouveler. Nous étions tigres, nous sommes maintenant bovins fous essayant de préserver un environnement en constant devenir.

Où est le rythme ? On dira qu'il respire. C'est l'accord à la marche des migrations, et l'attention au paysage qui intérieurement nous tapisse. C'est l'assurance que le texte existe. Pas d'autre jeu que celui d'une écoute attentive de ce qui passe en nous, à travers nous. Si le rythme est là, c'est que nous avons eu la chance d'ingérer le pont que nous tissions, et c'est là la troisième étape.

Le prédateur s'était coulé dans l'œuvre. Maintenant, par un long et lent processus d'invagination, en l'avalant, le prédateur se moule sur elle. Extrême plasticité du serpent mangeur d'œuf. Il faut être souple, démesurément adaptable et quasiment désarticulé pour pouvoir rendre compte des rythmes qui nous habitent. Nous devons en être la carte mouvante, les représentants de sa topographie mélodique. Nous ne sommes plus qu'une surface, qu'un vélin qui se déroule sur les ondulations de la langue, sur les berges du texte que les vagues lèchent, et même cette surface s'en va s'amincissant, se dissout en squames d'ombre.

Oui, la pratique du traducteur est une pratique de la disparition et de la perte. Mais cette perte est double et cette disparition s'opère en plusieurs temps. Ces phénomènes s'effectuent au profit d'une langue unique qui vit d'une vie animale, indépendante, qui entre et sort à loisir du cœur de l'être traducteur. Si le traducteur est un prédateur, ce n'est que temporairement et par procuration ; il chasse pour nourrir ce parasite qui l'anime. C'est en fait un rabatteur de proies. La créature qu'il alimente change continuellement de formes, revêt des apparences linguistiques étranges et démoniaques qui troublent, envoûtent et possèdent ses victimes.

Le traducteur est ainsi possédé du démon, et forcé de lui obéir puisqu'il en est l'esclave. Il y en a des milliers d'autres comme lui, petits, noirs, affairés, inlassablement en quête de sens dans les environs du nid, arrivant à peine à comprendre ce qu'ils font. Car qui oserait dire qu'il comprend ce qu'il fait en traduisant ? Peut-être tous ensemble arrivent-ils à repousser les limites du champ, mais individuellement ils ne se saisissent que de bribes et de fragments. Leur myopie les empêche de voir plus loin et leur programmation les leurre. Encore heureux qu'ils soient doués de mouvements. Après tout, le traducteur jouit de l'indéniable avantage de pouvoir se déplacer, et cela tout en vivant dans le confort de la proximité de l'être qui l'a créé, puisque ce monstre qu'il sert, c'est sa mère.

BRASIL À HAUTEUR D'ONDES

à Ph. E.

I. *Ulysse et les Amazones*

BRÉSIL au corps d'eau. De l'arc
Le bois, du frêne en l'occurrence,
Est le squelette. Les tendons
Effilochés collés sur son dos
En sont la chair. La peau brute
Posée par-dessus son derme
Et la peau de serpent qui la recouvre
Son épiderme. Enfin sa corde de boyau,
Le nerf qui se tend et va porter
La guerre au monde qui se soulève.
L'arc est libre de bondir vers
Ce qui lui semble bon : savanes et forêts.

Lundi 15 juillet 2002, départ de Londres – Heathrow sur vol Varig à 10 h 15. Survol de la Bretagne, de Saint-Jacques-de-Compostelle, passage au large de Lisbonne, puis longtemps après au-dessus de Fortaleza où Philippe a vécu plusieurs années entre ses grandes dunes de sable saharien. Suffocations. Crise d'angoisse et bouffées de panique. L'oxygène me manque dans cette boîte suspendue à 10 000 mètres au-dessus de l'Atlantique. Mes poumons ne me semblent plus pouvoir remplir leur office encore très longtemps. Est-ce que je dois vraiment en passer par-là pour me reconstituer et me construire ? Vais-je survivre ?

Arrivée à São Paulo à 5 h 15 du matin, heure locale, le 16 juillet. Quatre heures seulement d'un décalage imperceptible. 9 h 15 – *UK time*. Premières impressions d'un nouveau continent : immense variété des visages paulistes, des antécédents raciaux. Je cherche les profils indiens et j'en trouve, au milieu des Italiens, des Allemands, des Libanais et des Japonais au drôle d'accent portugais. Cependant, beaucoup plus de Caucasiens ici que ce à quoi je m'attendais. Philippe devrait bien se fondre dans le décor. De Sao Paulo à Belo

Horizonte, on monte vers le nord, mais on monte vers le plus chaud. La Patagonie est dans notre dos.

Belo Horizonte de nuit scintille dans la vallée telle une mer d'élytres iridescentes. Je pense à Blaise Cendrars descendant la cordillère maritime au début de ses *Lotissements du ciel*. C'est indescriptible, cette ville-utopie où les fruits éclairent les rues autant que les arbres en fleurs de leurs hivers. Il y a un oiseau, le *bem-te-vi* (« Je t'ai bien vu »), *great kiskadee* (« Qu'a-t-il dit ? »), *Pitangus sulphuratus*, qui chante avec l'accent aspiré des Brésiliens. *Sinto muito, não entendo* (« Désolé, je ne comprends pas »). Absurde dialogue entre l'oiseau beau parleur et l'étranger muet qui confond toutes les langues mais cherche à écouter.

De jour, Belo Horizonte architecture ses érections de cristaux, de béton, de corail, de bauxite ou de céramique qui tapissent la concavité de la terre. Une nouvelle terre. Urubu, *black vulture*, *Coragyp atratus*, tournoyant sur les thermos, courants d'air chaud ascendants. Ceux-là, je les attendais depuis longtemps et j'espère qu'ils m'accompagneront encore longtemps, se nourrissant de ma carcasse toute palpitante.

A Cordisburgo, le bourg des cordes ou des cœurs encordés, après les grottes de Maquiné, nous sommes passés des entrailles du Brésil à son crépuscule, où le ciel prend la couleur de sa terre : rouge. Sur la route, les cheminées en feu et le métal en fusion des fonderies artisanales coulent, éclaboussent et giclent. Volcans à échelle humaine. Lave de mains d'hommes. Brasil à hauteur d'ondes, et je pense encore à Blaise, à sa main manquante écrivant tout un hiver à Carry-le-Rouet près de Marseille. Les forges de Vulcain forment des verrues d'acier noir sur la croûte du *mato*, le maquis préhistorique dans lequel des fantômes d'Indiens trottinent encore, à l'amble. « *O real não está na saída nem na chegada : ele se dispõe para a gente é no meio da travessia* » (« Le réel ne se trouve ni à la sortie ni à l'arrivée : où il se met en place pour nous, c'est au milieu de la traversée ») – João Guimarães Rosa.

La traversée de notre chair livresque tout autant que celle de nos mains stigmatisées pour n'avoir pas su saisir l'objet de leur désir vivant, encore, pour peu de temps. Et voilà que nous effleurons les rives de l'imaginaire, ou du fantasme, que nous flirtons avec lui, en un jeu à la fois puéril, anodin et dangereux. Car nous pourrions y perdre notre identité sociale durement gagnée et finir comme Gonzalo Pizarro ou Walter Raleigh, ces découvreurs de têtes tranchées.

Ah ! Aguirre, pourquoi t'ai-je suivi affronter la colère de la déesse amazone ? Je n'arrive déjà plus à comprendre ce soleil qui gravite bas à l'envers sur ce bel horizon du nord dans sa course hivernale.

Ouro Preto, Serres, cristaux et colibris

Le Brésil n'est pas un pays, c'est un bois de braise qui luit rouge dans la pénombre et me fait signe de le rejoindre, du doigt recroquevillé, la main crispée d'un prêtre jésuite – ou de ce qu'il en reste – gisant débité sur le boucan attendu par un groupe d'Indiens Tupinambas, un parti de chasse s'étant mis en route il y a près de cinq cents ans pour venir jusqu'à moi.

Hier après-midi, j'ai vu le premier colibri de ma vie, d'une espèce indiscernable. Cela ressemble plus à un insecte qu'à un oiseau. J'ai oublié de faire un vœu. Lequel aurais-je fait ? D'écrire autre chose que ces foutus journaux de voyage ? Des tambours et des chants d'ivrognes ont résonné toute la nuit en provenance de la mère aviaire des oiseaux, dans la Maison des Lucioles (dont elle se nourrit), *Casa dos Vaga-lumes*, en contrebas. Et voilà de nouveau ce con de soleil qui se lève au nord-ouest. Je ne savais pas que des lucioles pouvaient faire un raffut pareil.

Pointes de flèches à fabriquer pour Philippe Enrico en neuf matières différentes : silex gris, silex noir, chert gris-rose, obsidienne, porcelaine d'isolateur de chemins de fer, cul de bouteille vert foncé, os en partie fossilisé de la Tamise, silex beige. Nous sommes partis en famille visiter Ouro Preto, l'or noir de la vieille capitale *mineira*, un paradis pour les collectionneurs de minéraux baroques pris dans les maillons du filet divin.

A l'approche de la ville, nous distinguons la chaîne montagneuse de la Pierre Fille, *Pedra Menina*, et son rocher *Ita Colomi*. Nous faisons bien attention alors de prendre la bonne route car, dans les premiers temps de la conquête, les colons se trompaient souvent en confondant cette montagne, *Ita Colomi certù*, avec un autre sommet de forme similaire sur les bords du Rio Doce. Ils ne manquaient pas de finir fléchés et dévorés par les Indiens Aimorés-Botocudos qui vivaient dans ces parages.

En ville, le catholicisme de la contre-réforme côtoie des souvenirs plus cruels du colonialisme : les outils de fer qui servirent à torturer puis écarteler le pauvre Tiradentes ; une mort dorée qui, au lieu de faucille tient entre ses doigts squelettiques une flèche indienne ; un cœur en flamme plaqué sur la toge noire de saint Philippus ; l'anomalie liturgique fichant un kyste d'or vrillé au cœur du végétal indigène toujours prêt à réduire, en dépit des apparences, ces piliers de bois ecclésial plus durs que la pierre sur lesquels des dizaines de Christs empennés fondèrent leurs églises. Tout cela baigne dans un phénoménal mélange sonore de tam-tams africains combattant le plus pur grégorien acclamant les fidèles qui s'auto-scalpent pour perruquer leurs statues sanguinolentes.

Des anges nègres porteurs de crânes clament *Vanitas vanitatis* et *Memento mori* dans les hurlements, sifflets, tambours et cacophonie des républiques barbares se roulant dans les roses et les euphorbes épineux. Tout là-haut, les immortels princes urubus impassibles surveillent saint François, saint Paul et saint Georges se décomposant (le fauconnier a posé sur ma tête un aigle harpie, *gavião-real*, *Harpia harpija*. Je sens ses serres traverser ma casquette de jungle et pénétrer la peau nue de mon crâne, coiffé du rapace instable) tandis que les *bandeirantes* paulistes remontent en colonnes lentes tuant tout sur leur passage.

Honneur au *Tropeiro* ! Gloire au guide, passeur, colporteur et contrebandier qui nous amène voir le pélican eucharistique de l'écriture ! (Il existe. Parodie du Saint-Esprit, il cache son or dans le creux des statues que nous sommes. Nous portons d'épaisses cuirasses de coton et de cuir pour nous protéger des flèches sifflantes).

Aujourd'hui, visite chez M. Seiya Hirashima, l'acupuncteur japonais cinquième dan de judo qui est venu au Brésil il y a trente-cinq ans pour tenter l'aventure dans les forêts du Pantanal et du Mato Grosso. Il a passé cinq ans à chasser seul et à vendre cuirs et fourrures. Il a rencontré des Indiens Bororos qui chassaient encore avec des armes traditionnelles (la rencontre fournit les linéaments du rêve). Tout en appliquant sur mon dos des *moxas*, champignons secs allumés fumants, il m'explique rieur que Lévi-Strauss n'avait pas pu aller bien profond en forêt car sa femme voulait rester près d'une ligne de téléphone récemment implantée. Il me raconte aussi toujours en riant comment la police abattait les braconniers chasseurs de *jacarés*, les caïmans locaux, puis taillait les cadavres au talon pour les faire saigner et les jetait dans le fleuve Paraguay, les donnant à bouffer aux piranhas. Quelque temps plus tard, nous devons précisément aller pêcher ces poissons sur le haut cours de ce même fleuve…

Il est peut-être temps de passer à des distractions plus intellectuelles au Palais des Congrès de Belo Horizonte pour assister au discours de Michel Serres, le 23 juillet, en ouverture de la conférence « Abralic ».

Le vieux séducteur nous sort le grand jeu en développant son récit d'un espace stable en amont et d'un temps dégradé en aval, du moins c'est ce que nous croyons. Il nous suggère de nommer toute notre histoire une « illusion jardinée ». Je n'y comprends goutte. J'ai toujours cru que la seule fonction du temps était de me placer des objets bien durs entre les mains et que l'espace n'en était que le réceptacle. Et voilà qu'il m'annonce que l'eau coule, certes, mais que la falaise coule tout aussi bien. Je ne peux le croire, moi qui ai passé l'essentiel de ma vie à ériger des falaises pour y plaquer les trophées de ma carrière, de mes hauts faits d'arme et de sexe, afin de les voir de loin et de haut, comme une butée, l'horizon de ma finitude. Le rebord du plateau central brésilien ne se développe-t-il pas depuis des centaines de millions d'années sur plus de mille kilomètres ? Nous y serons bientôt. Or, il semblerait que les solides coulent tout autant que les fluides et que « de mémoire de volcan, nul n'a jamais vu vieillir une étoile ».

Ce que nous appelons espace n'est qu'une représentation prouvant notre aveuglement aux autres degrés du temps (c'est lui qui le dit), les idées platoniciennes n'étant qu'une troisième couche de représentation (quelle est la deuxième ?). Ce que nous voyons en vérité, ce sont différents rythmes du temps. Contre saint Augustin et Bergson, le temps ne se dissout pas dans l'espace, mais c'est l'espace qui se dissout dans le temps (après tout, pourquoi pas ?). Il ne me reste plus qu'à écrire dans le courant, insérant dans des rythmes chroniques mon éphémère palpitation d'insecte créant, de « répandre mon temps sur le temps du monde ». Couche après couche, mon cerveau se forme comme une structure alluviale. Je tâche donc de marcher le long de ses rives et de témoigner de la formidable ancienneté de nos organes, des macromolécules que tous les vivants partagent – peut-être même suis-je un lointain descendant d'un archer de Gengis Khan – ; *De senectate vitae* (« De la vieillesse de la vie ») que je prolonge en essayant d'y croire.

« A l'angoisse pascalienne des espaces infinis succède l'émerveillement devant le spectacle des coulées du temps », pour citer encore le philosophe (et c'est bien ce que je disais quelque part ailleurs, précisément). Le paysage plonge dans le tronc commun du plus grand récit probablement vrai jamais raconté, mais il s'agit plutôt d'une narration. Chaque rupture ou circonstance permet des changements de lois, tensions, apaisements, coups de théâtre, équilibres ponctués, décrochages, paliers d'équilibre, suspenses, ruptures, suites de processus aléatoires et chaotiques.

Les lois du récit sont exactement celles de la vie, me dit Serres, et raconter, c'est produire du temps, donc de la vie. Quel plaisir d'avoir la confirmation qu'en participant au Grand Raconteur, j'apprends à créer les objets-monde dont j'ai toujours rêvés. Je deviens le co-auteur du temps. Ouaaah ! ! ! Mais que faire maintenant de ces bribes d'espace illusoire qui m'entourent ? Au Brésil, des cerfs-volants morts pendent à tous les arbres et il semblerait que les *urubus* planant si haut se nourrissent de leur âme. Nous finissons notre promenade à l'entrée du musée de minéralogie de Belo Horizonte, devant un cristal de roche géant du Minas Gerais de près de deux mètres quinze de haut qui vibre doucement sur son socle de bois pourrissant. L'ARN étant un cristal, nous pouvons imaginer le peu de distance qui sépare le biochimique du minéral, ma main cristal apériodique de ce pilier de verre dense qu'elle caresse en passant.

Alta Floresta

(S'approcher le plus près possible de l'Indien là même où il se tient, en nous.)

(« *Le réel est sans cesse troué par la vision et habité par le mythe.* »)

De Campo Grande à Cuiabá, nous survolons un marécage de sept cents kilomètres de long, du sud au nord, formant frontière entre le Brésil et la Bolivie, une Camargue d'Arles à Strasbourg, les étangs comme des auréoles de moisissure verte sur une peau rouge. Cuiabá : grosse bourgade provinciale de deux millions d'habitants, point de départ et camp de base de Lévi-Strauss en 1932. Nuit de bus pour couvrir les huit cents kilomètres de plateaux arides et de sierra, tout le nord du Mato Grosso, et se retrouver à Alta Floresta, une ville fondée de toutes pièces en 1974 par les chercheurs d'or sur le front de la déforestation à la frange de la grande forêt amazonienne. Une terre et une nature systématiquement pillées, ravagées. Sur la carte, les réserves indiennes forment d'autres auréoles disséminées un peu partout.

Noter. Noter pour que tout cela ne s'enfonce pas dans les profondeurs de ma mémoire perdue, comme une tombe enlisée. Accomplir un rêve vieux de plus de trente-cinq ans, marcher dans la forêt primaire, la jungle, la forêt pluvieuse, le long des cours d'eau et naviguer sur les fleuves, passer la nuit dans un hamac, sous l'auvent des carbets à écouter la jungle la nuit, l'acclamation des insectes, des oiseaux et des singes qui ne célèbrent même pas ma présence. Le propriétaire de l'Hôtel Cristalino possède 185 000 hectares. Un agouti grignote des noix tombées sur le parking. Quelques heures de minibus sur les pistes de latérite ; un jeune puma, *onça parda*, nous tourne le dos tranquille sur la route. Puis deux heures de bateau à moteur (et non pas des jours de pirogues comme dans le temps) pour arriver à la *jungle lodge* (35 places), sur le Rio Cristalino qui débouche sur le Teles Pires, qui débouche sur le Rio Tapajos qui débouche dans l'Amazone. Je suis aux sources du bassin de toutes mes envies : *Les Exilés dans la forêt*, Mayne Reid ; *La Famille Mahuzier sur l'Orénoque*, Collection Rouge et Or ; *Science et Voyage*, Album annuel 1964 ; *Expédition Orénoque-Amazone*, Alain Gheerbrandt.

La réunion des fleuves et des livres qui s'écoulent là où il n'y a plus de falaises. Mais aussi, plus je vois de termitières, tourettes grises ou rouges, de vraies fourmis légionnaires ou processionnaires, parasols ou braises brûlantes si on les touche, de vrais singes dans la canopée, plus il m'apparaît clair que nous sommes des primates aux comportements d'insectes sociaux particulièrement dévastateurs. Gare de Waterloo, cinq heures du soir. D'ailleurs, les termitières luisent et phosphorent dans la pénombre du sous-bois.

Cinq heures du matin. Je me réveille en sursaut. Mais quel est le con qui a allumé si fort la radio pour écouter une retransmission des Vingt-Quatre Heures du Mans ? Ce sont des singes hurleurs qui sont encore à plusieurs kilomètres de là. Les moteurs des pirogues hors-bord marchant au kérosène essayent de concurrencer les énormes cigales électriques qui font un bruit de pylônes à haute tension.

— *Are you a birder ?* (« Êtes-vous un observateur d'oiseaux ? ») me demande la jeune anthropologue texane travaillant sur « les débuts sexuels ou modes de défloration des jeunes filles brésiliennes » (« Je lui ai déjà donné mon cul, alors qu'est-ce qui m'empêche de lui donner le reste ? »), tandis que son compagnon mesure la taille des os des petits primates fossiles dans différents musées du monde.

Je passerais bien à la broche M. Macareux, ornithologue amateur belge à la retraite, sa viande à la fois grasse et filandreuse. Une famille d'Indiens Cayabis qui ne parlent même pas portugais est en train de me fabriquer un arc et quatre flèches sur mesure. Les pointes sont en sus. Mes hémorroïdes sont revenues et j'ai encore très mal au dos après un tour de reins gagné en portant une énorme cible de paille juste avant le départ. Mais pourquoi faut-il que tous ces humains ne cessent de parler ? Quel vide cherchent-ils à combler, ou plutôt quel lien cherchent-ils à maintenir en permanence avec ceux de leur espèce, attouchements fébriles et désespérés d'antennes ? Ne peuvent-ils pas écrire comme je le fais moi, des stylos baveurs au bout des doigts ? Mais moi, avec quoi est-ce que je cherche à rester en contact ? Moi-même ? Ma propre pomme ? Et c'est quoi ça ?

Premier ficus géant à la racine aérienne formant un arc-boutant de cathédrale sous lequel nous passons sans même nous baisser, à la file indienne. Une tige de plante que je mâchonne m'anesthésie totalement la langue pendant une dizaine de minutes. Des nuées de papillons jaunes autour du bungalow et le grand morpho bleu que chassait Henri Charrière pour se faire quelques sous, palpitations d'azur et de marine moirée en lisière de rivière et de forêt. Une araignée de la largeur de la main de notre guide attend patiemment ma compagne sur le ponton et un iguane vert-de-gris genre cuivre oxydé nous observe du haut d'un buisson pendant que je le cherche dans son trou de sable. Tout y est. Dans la forêt mouillée, l'inspiration est aussi une vérité. Ailleurs aussi d'ailleurs.

Le premier soir, nous sommes montés à la tour métallique

d'observation de cinquante mètres de haut ; devoir surmonter mon vertige pour pouvoir dominer la canopée des arbres-colonnes et des arbres-monuments (*castanheiras, brazil nuts*) tout aussi hauts. Au sud, de lointaines collines totalement rasées marquent l'ultime avancée de la déforestation, les termites humaines. Au nord, la couverture végétale des arbres géants commence et continue ininterrompue sur trois mille kilomètres jusqu'au plateau des Guyanes et le Golfe du Mexique, jusqu'au bout de l'horizon vertical : le bassin amazonien, le poumon de la planète qu'ils disent et l'enfer vert des anthropoïdes espagnols caparaçonnés de métal comme de gros longs coléoptères inadaptés se rouillant à la vitesse de la pluie mêlée de sueur. Il en reste 87 %. Rien jamais n'en viendra à bout (je l'espère !). Je rampe tremblant au sommet de mon antenne d'aluminium oscillante pour contempler tout cela, et les zoziaux multicolores qui volètent de dôme en dôme, des toucans de Cuvier, *Ramphastos cuvieri* en particuliers, des dizaines de *Cobalt-winged Parakeet*, *Orange-winged Parrot*, *Pink-throated Becard* et des *chestnut-eared aracaris*, *Pteroglossus castonotis*, et des *Trogons*, *Tanagers* et *cotingas* de toutes espèces, des caciques et l'olive *oropendula*, *Psaracolius bifasciatus*, au son mouillé coulant par toute la forêt.

Sur le chemin qui mène à la tour, des singes-araignées curieux et facétieux nous ont chié sur la tête, un comportement très humain après tout : se chier sur la tête les uns des autres. Mes hémorroïdes sont peut-être dues au tabac que je chique à dose pourtant homéopathique. Je repense au survol de São Paulo l'autre jour, à ses dix-sept millions d'habitants, parmi les trois ou quatre plus grandes villes du monde. Ses termitières de tours en béton couvrent la plaine et s'élèvent dans l'épaisse brume brunâtre de pollution matinale jusqu'au bout de l'horizon. La simple idée que j'appartienne à cette espèce me donne la nausée et me flanque le vertige, encore plus de vertige. Vraiment, tout tourne autant à l'extérieur qu'à l'intérieur de ma pauvre carcasse. Étais-je fait pour vivre dans ce temps ?

Après être redescendus de la tour de guet, ou mirador de paix, dans l'obscurité couvrante du sous-bois, nous partons à la *casa do saleiro*, la maison de la saline, un petit observatoire de bois perché dans les branches au-dessus d'une bauge où les tapirs viennent lécher leur dose quotidienne de sels minéraux. De gras petits chevaux aux allures de cochons-éléphants se déplacent lentement dans la nuit noire presque opaque et le silence presque absolu, nous donnant l'impression d'observer les évolutions suspendues d'illusoires esprits animaux. Mais comment pouvons-nous en être arrivés là ? Que reste-t-il de nous ici, et là ?

Une autre nuit, une autre balade le long du rio. Cette fois, un tatou vient nous rendre visite, nous montrant seulement son cul cuirassé fantomatique dans la pénombre entre les troncs sur lesquels le feu vaguement se reflète pendant que nous jouons aux exilés dans la forêt accrochés à nos hamacs de mal de mer, essayant de chasser les noires petites abeilles à sueur qui parviennent à pénétrer le moindre de nos orifices mal bouchés.

Le lendemain, nous baignant sur un banc de sable au milieu du fleuve, les empreintes de nos pieds nus se mêlent à celles d'un jaguar d'à peu près soixante-dix kilos. Nous n'apercevrons jamais le dieu tacheté, ni le célèbre et effrayant anaconda qui réside non loin de là sous la souche noyée d'un géant effondré, ni l'encore plus redoutable *bushmaster* (le « maître de la brousse »), reptile absolument mortel (heureusement ! Il y a trois ans, un touriste a pourri sur pied en quelques heures à cause de lui. Lorsque vous marchez dans un sentier et que votre chemin est barré par un tronc abattu – ce qui arrive fréquemment – après avoir escaladé ou sauté par-dessus l'obstacle, retournez-vous et vérifiez toujours s'il n'y a rien dessous. Car le premier passant réveille le serpent ; au deuxième, il se demande ce qui se passe ; au troisième, il frappe). Une tribu de loutres géantes nous fera suffisamment peur, sifflant, hissant et menaçant, perchées, lovées ou flottantes entre les branches enchevêtrées de la berge, serpents de fourrure mouillée aux pattes palmées et griffues toutes prêtes à nous labourer le ventre et la face si nous nous approchions trop près de leur royaume lacustre.

Ici les animaux remplacent le panthéon grec et le dessous des arbres est leur temple, certains hérissés d'épines noires de plus de trente centimètres de long, d'autres truffés de minuscules fourmis rousses sortant couvrir l'écorce au moindre frôlement. L'agonie de la peur nichée au creux du confort touristique. Mais tout va bien, tout va toujours bien jusqu'à ce qu'un déclic se produise, la chiquenaude d'un dieu mécontent ou mal luné, et alors tout bascule, et cela devient ce que l'on a coutume d'appeler une tragédie. Bonjour les fourmis qui brûlent et qui enfièvrent !

En douze jours, plus de quatre-vingts espèces d'oiseaux observées. *Orchids, Sex and Magic* ; la légende veut que les sorcières, pour préparer des potions aphrodisiaques, utilisaient les racines tubéreuses des orchidées qui ressemblent à des testicules. Magie analogique à laquelle nous nous sentons obligés de croire. Fraîche, cette racine renouvelle l'amour ; sèche, elle déchaîne les passions. Les satyres, croisements de singes et de boucs bondissent de lianes en lianes, certaines vrillées en grappes d'intestins de poulet, d'autres aussi épaisses que ma cuisse. On m'avait dit que je reviendrais différent de ce voyage. Je commence à le croire. Il est certain que je me « singifie » à vive allure. Walter Benjamin, ta sophistique ne tient plus le coup en face d'un Golden tegu, *Tupinambis teguixin* !

Allons repérer quelque autre reptile et rencontrer ce scarabée bousier en train de rouler assidûment la merde qu'un touriste pétrifié de terreur a déposée en plein milieu du sentier la nuit dernière par peur de s'enfoncer plus profondément en forêt et de s'y faire avaler tout entier par le démon crapaud-buffle malfaisant qui sommeille sous chaque racine. Nos guides sont tous d'anciens chercheurs d'or ayant survécu à la ruée et qui nous racontent des histoires vraies à filer des cauchemars. En général, tu tiens trois ans. Ensuite, soit tu crèves, soit tu pars en courant. Il y a bien autant de variétés d'humains que de fourmis ou de termites. Nos nids sont seulement un peu plus gros, mais qu'importe la taille lorsque seul le temps compte, l'âge de la colonie. Et maintenant, partons gaiement sur la piste aux cent cinquante papillons !

Des graines comme des papillons. Des oiseaux comme des papillons. Des papillons comme des tourbillons de fleurs enflammées. Des abeilles plus fidèles au feu et à la sueur qu'aux traces du jaguar sur nos plages intérieures (mais quel miel peuvent-elles donc bien distiller ?). Il semblerait que la vision du tunnel soit une conséquence directe de la façon qu'a le cortex visuel de se représenter le monde extérieur. En se demandant ce qui fait que quelque chose apparaît réel, la distinction entre « là dehors » et « dans mon esprit » n'est pas si aisée à établir lorsque l'on prend le système nerveux en compte. Quand il faut choisir entre deux visions ou impressions de la réalité, puis décider laquelle provient de la réalité extérieure et laquelle est une hallucination, le système aurait simplement tendance à choisir le modèle le plus stable à un moment donné et à appeler cela « réalité » (*Visions from the dying brain* – « Visions du cerveau mourant ») – Susan Blackmore, *New Scientist*, 5 May 1988).

Ulysse, celui dont la main sur l'arc ne tremble pas, le prince de la dualité, a tout perdu. Son radeau s'est démantelé sur les rochers dans les rapides et tous ses hommes ont été exterminés les uns après les autres par les fièvres, les diarrhées et les flèches indiennes. Il s'avance maintenant seul, débraillé et déchiré, une rame à la main qui lui permet de fendre les ronces, briser les épines, repousser les lianes. La profondeur du cheval de bois est infinie. Cette ruse qu'il lui faut maintenant payer lui a permis de pénétrer le monde. Troie, c'est le monde. Mais nul or au bout ; rien qu'une plaie verte.

Pourquoi est-il parti du pays qu'il aimait tant ? De l'azur des cieux et des mers claires où les formes se reflètent si distinctement qu'elles en deviennent cristallines, dans la blancheur éblouissante des calcaires et des essences ? Pourquoi a-t-il quitté les senteurs et les chaleurs d'où il était né ? La passion des voyages ? Pour découvrir et apprendre d'autres terres et d'autres pratiques ? Il a appris. Il a pris et il a payé sous la pluie. Maintenant, sur le seuil d'une connaissance qu'il ne franchira jamais, il vit l'exil et un pèlerinage cyclique, rituel, dans lequel tout s'effondre, où les humains qu'il a connus s'en vont les uns après les autres, disparaissent dans des trous d'air, et où ceux qui restent changent, irrémédiablement.

Ithaque était là. Il l'avait. Il est parti, a franchi la mer et ne comprendra jamais vraiment pourquoi. Pour courir après les mythes ? Mais où qu'il se tienne, ceux-là se dressent à chaque pas devant lui, tout soudain et à peine masqués. Ils l'environnent comme un nuage d'insectes car c'est au sein d'un vrombissement incessant qu'ils se forment. Il s'avance dans un essaim de fictions incarnées. Il n'a jamais fait preuve d'aucun héroïsme. Sa force se cache sous l'apparence d'un vieillard dépenaillé et seule son amoralité pourrait l'élever au rang de demi-dieu. Il conseille la fraude et tente de vagues manipulations. Il élève la civilisation mais contredit l'ordre de la nature et de l'homme. Sa ruse anarchiste désavoue son amour familial. Il vit un déchirement continu. Il a tout perdu. Il est seul. Autant qu'il parte et qu'il reparte. Et c'est ce qu'il fait dans la jungle en compagnie des troncs qui marchent, d'où des Pénélopes-araignées pendent leurs sacs de toiles et de feuilles tissés dans lesquels un homme pourrait facilement s'étendre pour se reposer, s'endormir et se laisser vider.

Ulysse cherche un arc, de palmier noir, *tucumã* ou *sirivo* si possible, pour éradiquer les prétendants qui gargouillent dans son propre ventre. Mais les Indiens qui le lui fabriqueront peut-être, ou qui lui montreront comment le fabriquer, demeurent fuyants, furtifs, illusoires. Il se taille des lames de bambous comme pointes pour se nourrir, mais la famine guette, et les Amazones sont sans pitié…

(Indiens presque approchés ou encore à approcher : Gaviões – les Faucons –, Mundurucus, Kayabis, Uru-eu-wau-wau, Aripuanas, Tapirape-Karajas, Kayapos, Xavantes, Xingus, Nambikwaras, Cintas-Largas, Awarapés, Bororos, Suruis, Paresis, Umutinas.)

Pantanal et marais humain

Nous sommes des prédateurs d'images pour les transformer en mots. La ruche du sens se nourrit de photos, films et pellicules. Première visite à l'appartement de Guv Carvalone qu'il a transformé en musée de l'archerie indigène. Lui-même, fils de grand propriétaire terrien, fut, dès l'âge de huit ans, emmené à la chasse par les Indiens voisins de sa fazenda. Son regard vide semble nous traverser, creuset d'absence, et il ne peut s'arrêter de parler. Il me montre une flèche immense qui a transpercé un homme blanc, puis me fait cadeau d'une de ces flèches géantes encore tachée du sang sec brunâtre d'un animal. Ces flèches tiennent autant de la lance emplumée que du sabre tant elles sont longues et large la pointe en forme de lame.

Il continue à me donner des brassées d'autres flèches, et plusieurs arcs. Il s'agite. Il a installé une cible sur son balcon et tire du fond de sa cuisine, au mépris total de ses voisins d'en face ou des passants sur le trottoir de l'avenue trois étages plus bas. Est-il fou ? (*Visão do Paraíso : Os Motivos Edênicos no Descobrimento e Colonização do Brasil*, « Vision du Paradis : les motifs édéniques dans la découverte et la colonisation du Brésil » – Sergio Buarque de Holanda). Il me propose ensuite d'essayer les arcs et les flèches qu'il m'a offerts mais j'ai bien trop peur de rater la cible et d'envoyer la flèche filer dans la rue. Comme la flèche sur la cible, tout finit par arriver. L'an 2000 est déjà passé depuis longtemps par-là alors qu'il représentait l'horizon de ma jeunesse et ma mort pointera son museau tacheté que je m'en serai à peine aperçu – déréliction du corps dans les mâchoires du grand jaguar – tandis que mon sang s'en ira se diluer dans le courant du fleuve éboueur. Marche et tais-toi, aurais-je envie de me dire, et continue de tirer l'arc de l'éternité.

Pantanal : une digue de terre rouge s'enfonce sur trois cents bornes vers le sud, avec cent cinquante ponts de bois étroits comme des jeux de cartes enjambant des marais cloutés de caïmans. En saison sèche, les zébus blanc sale se dispersent. Où ai-je foutu mes *bolas* ? Tirer à l'arc d'une moto en marche ne doit pas être facile non plus. Un autre varan *téiu* détale au grand galop dans la savane. Les trois plaies de l'apprenti cavalier : hémorroïdes, mal au dos et écartèlement des cuisses. Je n'ai pas eu le temps d'atteindre le stade des escarres aux fesses. Lente cavalcade dans les marais. Je n'ai jamais vu autant de rapaces de ma vie. Il doit y avoir une quantité phénoménale de créatures amphibies à bouffer dans cette plaine marécageuse, à commencer par les *capivaras*, cochons velus à tête de castor hauts sur pattes palmées, échevelés et détrempés. Le Rio Paraguay sort de cette ancienne mer intérieure presque asséchée, saisonnièrement inondée, pour mollement descendre vers sa bouche de la Plata. Buenos Aires et Montevideo, berceau déplacé d'Isidore Ducasse. Que dit-il ? Bâillement géographique ; les métamorphoses animales n'ont pas encore fini de nous étonner. Elles sont notre inéluctable secours. Devoir quitter la forêt : chagrin du premier singe. Ma mort viendra et je serai là à l'attendre, et je me dirai :

— Tiens, elle est venue.

Elle sera là sans que j'aie l'occasion de me dire :

— Tiens, elle est passée…

Je serai devenu un perroquet bleu, un coléoptère coprophage, une pointe de flèche fichée dans la mémoire brouillée des hommes. La mémoire est donc encore plus que la vie, encore plus que le cocon des objets que nous accumulons, que nous tissons et qui nous entourent solides poussiéreux. La mémoire est le seul bien que nous possédons, ou plutôt qui nous possède, en propre, notre bien le plus précieux après la vue, et qui fait suite à la vue. Du voir au souvenir, faisons de notre mieux pour y retourner le plus vite possible, de toutes les manières possibles, dans la forêt.

Nous naviguons sur un fleuve qui n'a ni source ni embouchure. En période sèche, le Rio Claro se transforme en cordon d'eau noire, fermée, hantée, frangée de forêts où les jaguars et les touristes italiens affluent. Du clair à l'opaque, une fois de plus, nous ne ferons qu'entrapercevoir l'anaconda jaune et noir qui se glisse silencieusement sous notre barque et les piranhas que nous pêcherons serviront à nourrir en plein vol un couple d'aigles *gavião-belo*. Nous traversons sept ou huit sortes de boues différentes, *lama*, *barro*, *lodo*, *molhado*, *brocoto*, la grise huileuse, la spongieuse, la dénudée et l'enlisante, et croisons deux essaims de guêpes accrochées dans les palmeraies hérissées, les unes d'un noir luisant, les autres beige blanchâtre, toutes de la grosseur d'un doigt, mortelles si on les dérange.

Les *bahias*, petits étangs saisonniers en voie d'assèchement, se resserrent toujours plus sur les grouillements de friture pris dans leur fange. L'eau clapote et crépite comme sous une pluie inversée qui proviendrait des profondeurs vaseuses pour venir éclater en surface. Ce sont des bulles vivantes. Jabirus, hérons, aigrettes et caïmans se gorgent de la manne aquatique. J'ai moi-même l'impression d'être un de ces poissons-chats qui se débattent dans leur mare de boue toujours plus étroite, toujours plus sèche, toujours plus contraignante, et le dard empoisonné que je porte sur mon dos ne me sert plus à grand-chose. Par bonheur, un milan à escargots (qui sont ici gros comme le poing) m'invite à partir chasser dans le soleil couchant et les tourbillons de poussière sur la route jonchée de reptiles éclatés et de crânes de bétail creux, tannés, aux puanteurs de faisandage.

Pantanal, paysage de mares inhumaines goutte à goutte me laisse de sable en falaise couler.

II. *Un boa nommé Espérance*

Rio, Paraty

C'est d'abord pour retrouver les urubus que nous sommes venus de si loin. Nous n'avions pas compris qu'ils nous accompagnaient depuis l'éternité.

Le jour où nous sommes arrivés à Rio, il pleuvait sur le pain de sucre et le Corcovado lévitait, ses ailes de pierre grand déployées dans d'épais nuages qui successivement le voilaient, le dévoilaient. Christ immense planait comme un singe-ange crucifié au-dessus des termitières de l'humanité dévastatrice. Je n'ai pas aimé cette ville, le type même du lieu géographique splendide à couper le souffle mais totalement esquinté par le grouillement primate. Trop de monde. Trop de riches, trop de pauvres. Miami séparé de Calcutta par une autoroute. Trop de pollution et de circulation. Trop de pourritures et de moisissures qui se répandent entre les mornes sublimes auxquels s'accrochent les broméliacées là où les favelas n'arrivent pas encore à grimper. Et déjà en leur temps, combien ont dû souffrir Villegagnon, Jean de Léry et leurs compagnons coincés sur leur île de la mangrove d'où même les fourmis se retirent.

Huit heures du matin. Il pleut. 22 degrés. Plafond gris bas. Direction Rodoviaria. Costa Verde, Paraty. Japuila, Frade, Ita Orma, Praia brava, Mambucada, Mangaratiba, Itapemirim. Faire une liste des noms indiens. Je sais que dans l'ancienne langue tupi, *ita* veut dire « pierre » ou « roc », et *mirim* « petit ». Il pleut comme vache qui pisse, la vache de cette voûte céleste qui nous demeure cachée. Mais comment peut-il y avoir autant d'eau contenue dans les outres du ciel ? Pluie lourde, intense et incessante. Nous sommes coincés entre deux éponges, l'une grise, l'autre verte. D'une éponge à l'autre… nous nous abritons dans la Pousada Marquesa, un labyrinthe colonial de patios luxuriants et de salons baroques rustiques. Seuls les grands espaces nous font respirer parce que les danses jumelles de notre vision et des déplacements de nos corps circulent dans les poumons de la matière, sur les plateaux de la densité. Nuit et jour, la forêt, *mata atlântica*, se gorge consciencieusement.

Découverte de la petite ville de Paraty dont les rues se transforment sous nos yeux en rivières paisibles. Nous achetons une fois de plus de l'artisanat indien sur les bords de la baie aux aigrettes en chaussettes jaunes et mangeons au marché une *feijoada* de riz, pâtes, haricots noirs et pommes de terre tout ensemble.

Passe l'homme qui sème des papillons sur son passage, un vieux hippie farfelu qui se trimballe avec de petites pinces à cheveux métalliques émaillées en forme de papillons de toutes les couleurs accrochées à ses vêtements, ses cheveux, sa barbe, ses mitaines (sous les Tropiques !). Lépidoptèrophore, il en est recouvert. Il marche en cliquetant, joviale incarnation du demi-dieu des marchands ambulants. Il parle, il récite, il débite, exhibant de petites pyramides de cristaux magiques ramenées selon lui de Bolivie. Mais que dit-il, le porte-papillons illuminé ? Essaye-t-il de nous prévenir de quelque chose d'inévitable ? Dans le port, à la bouche de la mangrove, deux barcasses rutilantes sont ses acolytes : Léo Hugo et Glaucimara, le frère franciscain et la belle Portugaise se restaurent de bière obscure et de poisson-sel-citron. Rien jamais ne sèche. Mais que disent les deux amants ? Leur bouche ne sert-elle donc pas à parler ? Comme si cette mousson sans trêve noyait jusqu'au sens des mots.

Bien plus que la grande Venise posée sur l'eau et qui s'impose à nous comme un rêve au dormeur, cette petite bourgade se mêle à l'élément liquide, s'y diffuse et s'y délaie. Le sol est une éponge. Les pierres et les galets qui pavent les rues ne sont que des accidents un peu moins temporaires que les maisons, et les rues s'effilochent en ruisseaux pour au plus vite se fondre dans la marée montante. Les plantes sont la seule vraie couche vivante qui établit le lien entre les deux éponges du ciel et de la terre. Sur les crêtes touffues, les bambous dorés projettent leurs jets d'eau verte figée. Sur le balcon, deux oiseaux-mouches bleu-vert-noir irisés à queue d'hirondelle (*swallow-tailed humming bird*, *Eupetomena macroura*) s'abreuvent aux corolles des hibiscus et deux singes capucins aux oreilles de plumes blanches s'accouplent sur les tuiles du toit. L'arrière-train vibrant du petit mâle chevauche la femelle qui n'a guère l'air impressionnée. *Angra dos Reis* : l'Ancrage des Rois ; nous ne pourrons y accoster. *Itaipu*, la pierre que la mer mange. Sternes, urubus et frégates tournoient au-dessus des dauphins tandis que les chiens mouillés, maigres errants, hantent la plage grise.

Tout le long de la côte, les pics de la *Serra do Mar* continuent de descendre dans les flots et forment des centaines d'îles et d'îlots, peut-être des milliers, comme si la terre ne se laissait pas si facilement envahir ou dissoudre par la mer. Comme si elle se défendait et s'enlaçait à elle dans ce qu'on a bien voulu appeler des épousailles d'écume, des guirlandes de rocs, d'algues et de feuilles décorant le front de l'océan. Les fougères arborescentes dégoulinent sur une plage déserte qu'arpente un *caracara*, rapace haut sur pattes à la calotte noire, au cou doré, au corps brun. Nous y ramassons des dollars des sables, squelettes d'oursins plats sans piquant, extrêmement fragiles qui inscrivent une étoile à cinq branches dans un cercle légèrement aplati sur sa base. Je me sens comme un macaque mouillé qui attend une éclaircie sous sa feuille de bananier. Robinson n'a jamais su ce qu'il adviendrait des rivages de son île une fois qu'il en était parti, tandis qu'Ulysse, qui y a aussi abordé né de la mer, s'est toujours senti soulagé de savoir qu'il y avait encore et partout des femmes indigènes courantes qui prétendaient ne pas le voir les regardant.

Hier, après l'inévitable saucée de l'aube, la pluie s'est un peu calmée. De battante elle est devenue bruine persistante, puis intermittente. La marée s'est retirée des rues inondées. Une sorte de bergeronnette à queue courte, zigzag noir et blanc sur le dos, beige à la poitrine, barre noire sur l'œil, sautillait de galet en galet. Nous sommes montés au fort du Défenseur Perpétuel, petit fortin aux canons rouillés qui protégeait la ville des attaques des pirates. Entre les bambous géants dorés à rayures vertes, de grands toboggans granitiques offraient une vue dégagée sur la rade, les îles surchargées de végétation et les goélettes du *Black Caesar*.

Soudain, la pluie s'est arrêtée. Dans l'éclaircie, les grillons se sont mis à chanter. Tout en bas, crevant l'eau plombée de leur dos bossus écrêtés, une quinzaine de dauphins en pêche sont apparus à quelques encablures du rivage, dans le silence, les grillons, le cri doux des sternes, le pépiement d'une envolée de minuscules passereaux à bec rouge, poitrine rousse, dos marron, front noir, et le murmure indicible des îles chevelues. Seule la nature est capable de nous fournir de telles épiphanies qui nous suspendent pour un moment dans le plein air du temps comme dans un filet, seine d'inconscience.

Certains Indiens tiraient les oies migratrices en vol à partir d'une position couchée, tenant leur arc coincé avec les pieds dirigés vers le ciel. Même après cinq siècles de colonisation intense, les Indiens guaianás continuent de garder leurs caractéristiques raciales et psychologiques, leur réserve, leur timidité, leur renfermement. Un tout autre mode de communication : pas de sourire, pas de merci, regard indirect de côté. Une immense distance, un mur d'espace.

Dans un magazine, nous lisons que pour les Indiens, les Blancs sont des merveilles technologiques, des surhommes de la technologie, d'admirables enfants de la machine. Mais, même si un couteau d'acier est toujours plus efficace qu'un couteau d'os ou de pierre, ce sont aussi des idiots psychologiquement parlant, des êtres sous-développés du point de vue de leur humanité, avares, coléreux, immatures, ne sachant contrôler leurs émotions, méchants par nature et foncièrement asociaux.

Au milieu de la Baie du Sauveur, une île s'appelle *Ilha dos Frades* parce que deux prêtres jésuites s'y sont fait bouffer par les Tupinambas. J'imagine aisément les canoës des cannibales d'il y a cinq cents ans à la place des porte-containers, des pétroliers et des silos flottants. Nous vivons sur le téton de la terre et la lutte incessante que nous menons contre notre complexe de castration, notre irrémédiable sentiment de sevrage nous fait boire son lait comme si c'était le jus des palmes de la mer. Ulysse s'est laissé pousser la barbe parce qu'on le lui avait demandé, mais aussi parce qu'il a pensé qu'on croirait plus facilement ses ruses et ses mensonges. Ainsi, tout le monde a cru qu'il avait traversé de sa flèche les anneaux de douze haches comme une aiguille aurait traversé douze perles sur son fil ou comme Zeus aurait perforé douze vierges d'un seul jet de sa verge. Mais les Amazones se sont révoltées dans les forêts profondes aux troncs-colonnades marron-vert lisses de *pau-perna-de-mulata*, le bois des jambes de la mulâtresse, et ce fut Ulysse qui dut les affronter seul ensuite de sa lance, de sa courte épée de bronze, de son sexe coincé dans un étui pénien de palme sèche. Oh ! qu'il est léger, le petit mâle *going native*, *going back native* devant les ruptures de la nature !

Chapada dos Guimarães. Falaises, grottes et plateaux

Nous avons fui les pluies incessantes de la côte pour retrouver la sécheresse du plateau central, sommes montés sur les barres rocheuses de la Chapada pour visiter une cascade encore habitée de centaines de fantômes indiens. La moindre grotte est recouverte de peintures rupestres et pictogrammes multiples : soleils, labyrinthes, cercles, esprits palmés ou ailés, animaux comme visionnés aux rayons X, spectres cornus percés de sagaies, et surtout le grand vagin de la femme-insecte qui nous domine de toute sa fente. Des cérémonies d'initiation devaient avoir lieu ici. Des masques devaient s'ouvrir dans des nuages d'hallucinogènes. J'ai eu beau me faire fumer les doigts et me recouvrir le visage de phosphore, les chamans ne m'ont jamais autorisé à subir la mienne, persuadés qu'ils étaient que, dans ma grande faiblesse, j'y aurais laissé la vie. Cela me manquera toujours.

La cité de pierre présente les deux mâchoires inférieures parallèles d'un brochet aux proportions de montagne. Nous ne pouvons voir tout là-haut dans le ciel ses mâchoires supérieures qui se refermeront bientôt sur nous. Par derrière, vers le nord-ouest, au-delà des collines du bout de l'horizon, demeure le territoire inaccessible des Nambikwaras, tandis que notre minibus Volkswagen manque de s'enliser sur la piste sablonneuse en aveuglant une petite chouette fouisseuse au seuil de son terrier. Mais tais-toi donc un peu, Guv ! Pourquoi faut-il donc que du matin au soir tu ne cesses de parler ?

Depuis que nous sommes arrivés, ce type ne m'inspire pas confiance. Avant-hier, à l'aéroport, une dame indienne de l'Office du Tourisme nous a dit qu'il était son ancien patron et qu'en réalité, il n'était plus le président de l'Association mato-grossense de tir à l'arc traditionnel comme il le prétend. Mais ses deux neveux, Silvio l'Italien et Tadeu le Japonais, venus de São Paulo pour faire un stage de droit en entreprise sont très sympas.

Je suis en train d'écrire dans un jardin public. Une poignée de jeunes jouent au foot pieds nus sur le béton. Leur concentration est maximale. Ils se donnent à fond. Ce sont des artistes du corps totalement dévoués à leur art. Les expressions maniéristes de leur visage sont encore plus impressionnantes que leur jeu de jambes, la précision de leurs passes, la virtuosité de leurs dribbles. C'est ici la saison des feux de broussailles et des *ipés* jaune vif, parfois rose intense. Les oiseaux-mouches m'environnent comme des abeilles.

Nous avons fait la route de nuit pour le condominium de la

Chapada dos Guimarães. Peu avant de partir, Tadeu a pris à part ma compagne dans un coin du couloir :

— Écoute, Guv est fou. Voici ma carte avec mon numéro de téléphone portable. S'il vous arrive quoi que ce soit, n'hésitez pas à m'appeler.

Nous ne comprenons pas grand-chose à ce qui se passe. Discussions à n'en plus finir jusqu'à une heure trente du matin dans un resto puis plus tard encore dans la maison de campagne sous la protection de barbelés et de gardiens armés. Ce type doit fumer quatre paquets de clopes par jour. Crise d'angoisse à trois heures du matin. *Panic attack.* Mais qu'est-ce qu'on fout ici ? Ne nous ai-je pas embarqués inconsidérément dans une aventure douteuse qui ne peut que tourner mal à n'importe quel moment ? Peut-être a-t-il un flingue caché dans son sac ? Un quart de Lexomil. Six heures trente, réveil dans le même état. Je vais voir Philippe qui rit de mes inquiétudes et qui me rassure un peu, me disant qu'il réévalue la situation continuellement.

Ce matin a débarqué le jeune guide Fernando, dynamique et plein d'humour, pour partir à la *Caverna do Francês*, un lieu soi-disant découvert par un chercheur d'or français dans les années trente mais que les Indiens Bororos appelaient *la Casa dos Espíritos* (« la Maison des Esprits ») et qu'ils utilisaient depuis des générations pour des cérémonies secrètes. Nous passons d'abord au *Portaõ dos Infernos*, une route en lacets vertigineuse qui gravit les falaises karstiques rouges découpées de pics et de dents pour voir un camion tombé dans le précipice, soixante à quatre-vingts mètres plus bas, trois morts, des travailleurs fatigués et un peu ivres, nous dit Fernando, et un abri sous roche avec quelques gravures indiennes.

En bas, tout à fait l'Afrique comme on la voit à la télé ; on se croirait au Kenya ou en Tanzanie sans les grands mammifères. Un peu plus loin sur le plateau, nous croisons une *boiada*, transhumance de deux à trois mille zébus blancs ou marron clair que d'effrayants *Vaqueiros* noirs descendent vers les basses terres. Les hommes sont sales, des visages de cow-boys du diable, à la fois très-pauvres, très-tristes et très-violents, avec d'énormes couteaux coincés dans leur dos. L'un d'entre eux nous demande un peu d'eau que nous n'osons lui donner, à ma grande honte. Quarante-cinq kilomètres de pistes de latérite entre de maigres champs de maïs. Vu quatre émeus, petites autruches grises, *Greater Rhea* ou *ema*, trois outardes à pattes rouges, *red legged Seriena*, *Cariama cristata*, et, sur la ligne d'horizon, trois cerfs des pampas.

Nous sommes maintenant prêts à partir pour la *Caverna do Francês*. Nous enfilons par-dessus nos pantalons d'impressionnantes jambières de cuir épais pour nous protéger des crotales, très nombreux et fort venimeux dans le coin. Le guide nous explique que nous allons traverser trois types de végétations : le *serrado*, savane sèche agrémentée de gros blocs granitiques qui fait vraiment penser à certaines régions d'Afrique, du sud des États-Unis, ou peut-être même de Provence, les palmiers en plus ; la forêt de galerie, plus dense, qui couvre les flancs du ravin où coule le petit rio, mais sans atteindre l'immense ampleur de la forêt humide amazonienne ; la *varzea*, sorte de cuvette spongieuse où se sont accumulés les alluvions et la boue recouverte d'une herbe épaisse, haute, vert tendre et où pousse un type de palmier particulièrement beau, le palmier *buruti*. Mieux vaut ne pas s'aventurer par-là, car cette boue camouflée ne manquerait pas de nous avaler à jamais. Les *varzeas* sont connues pour engloutir hommes et bétails (des dizaines d'espèces de palmiers différentes dans ce pays : *palmeira-paurotis*, *cariota espinhos*, *marajá-açu*, *palmeira-rabo-de-peixe*, *bambushino*, *carnabaù*, *areca-de-lucuba*, *pinanga*, *licuri*, *patioba*, *aricuriroba*, etc.).

Après être passés près d'un gigantesque monolithe rond posé sur trois pieds, nous arrivons sans incident d'abord au *Lago azul*, une résurgence ou sortie de rivière souterraine, salle inondée d'un merveilleux vert émeraude translucide. Les ondes se répercutent en vibrations de lumière vertes et dorées sur les parois. Nous apercevons clairement des traces de tortues et d'esprits rampant au fond de l'eau.

Puis nous remontons vers la *Caverne du Français* proprement dite et entamons précautionneusement l'avancée dans le long vestibule sablonneux, de la hauteur et de la largeur d'une petite église, mais de plusieurs centaines de mètres de profondeur. Partout se distinguent des traces de pacas qui viennent ici prendre le frais et lécher les parois à la recherche d'un peu de sels minéraux. Le guide inspecte absolument tous les recoins pour vérifier s'il n'y a pas de serpents planqués. Des ombres se déplacent autour de nous, mais aucun corps n'est là pour les projeter. A notre sortie, une cinquantaine de petits perroquets verts, bleus, rouges, oranges, font un vacarme abominable dans la palmeraie au-dessus de la bouche terrestre, comme de petits moines bariolés scandalisés par notre intrusion sacrilège dans ce lieu de prières et de recueillement.

Une fois revenus sur le plateau du *serrado*, nous apercevons un *urubu-rei*, vautour magnifique, quasiment de la taille d'un condor, qui nous surveille. Presque complètement blanc, avec les ailes noires, le bec jaune, la caroncule orange et du rouge autour des yeux, il se laisse longuement inspecter sous toutes les coutures au sommet de son rocher tandis qu'il fait de même avec nous. Sommes-nous des proies dignes de lui ? Nous laissera-t-il passer ? A l'aller, nous avons franchi la frontière sans encombre mais rien ne nous dit que nous pourrons retourner sur nos pas. L'exil est souvent à plusieurs dimensions et lorsqu'on décide d'entreprendre ce genre de voyage, il peut très bien devenir une mise en abyme.

Le jour commence à baisser. La lumière se fait dorée et les arbres des crêtes se découpent à contre-jour avec parfois un gros rapace posé en avant-garde. Plus loin, je demande à Fernando si ce n'est pas l'heure où les tamanoirs-fourmiliers commencent à se réveiller et sortir de leur poussiéreuse cachette. Il me répond que c'est effectivement le cas et, cinq minutes plus tard, nous voyons le panache noir emplumé de l'un d'entre eux devant nous à gauche sur le sentier :

— *Tamanduá-bandeira !*

Sans doute une femelle, très noire, les bandes peu marquées, gros chien-ours à longs poils touffus et au museau infiniment long qui part d'un galop louvoyant, se dandinant dans les broussailles. Il s'arrête un instant pour nous regarder, à une douzaine de mètres, nous offrant très distinctement son profil démesurément allongé, puis repart de son trot de terre. Le guide se lance à sa poursuite pour le rabattre vers nous, mais en pure perte. Tant pis. Et tant mieux, car il m'aura rappelé celui qui enserra dans ses griffes le chien des deux enfants perdus dans la forêt.

Nous reprenons notre marche sur le plateau dans l'obscurité grandissante, traversons un morceau de forêt-galerie à la lampe électrique en faisant bien attention de ne pas marcher sur un serpent en vadrouille. Retour au village où nous reprenons un de ces repas au resto, discutant *ad infinitum* avec ce pauvre fou de Guv sur la mort des chercheurs d'or. Qu'importe, un des buts de ce voyage est atteint ; j'ai entraperçu la réincarnation d'André Breton.

Oswald et Léo

Nous jouons aux explorateurs. Il ne s'agit que d'un jeu, mais d'un jeu cependant très sérieux car lui seul nous donne le sentiment d'être en contact avec la matière du monde, l'en-deçà du réel. Nous commençons par aller dans un restaurant chic en bordure du plateau. Dans le lointain, une mine d'or creuse sa plaie ouverte sur l'immense plaine du paysage kenyan. Repas une fois de plus pantagruélique. Aujourd'hui, nous aurons mangé : plusieurs tranches de rosbif, des plats de côtes de porc, du *jacaré* (caïman), du *javali* ou pécari (petit sanglier très dangereux à chasser), un steak argentin cuit dans sa graisse, une côte de bœuf, une bosse de zébu grasse et fondante appelée *cupim*, la termitière, de l'agneau et pour finir de la pieuvre. Une bouchée de plus et je vomis tout !

Guy poursuit son sempiternel numéro psychotique. Il parle pour oublier son angoisse qu'il sue en vagues délétères. Toujours les mêmes histoires d'Indiens gaviões e zorós, meurtriers cannibales assoiffés de sang et de carnages. Il y a six mois, deux cents chercheurs d'or illégaux ont été fléchés par les cintas-largas à l'ouest du Rondônia. Il ne fait pas bon se promener par là-bas en ce moment.

— Vous voyez, les Blancs communiquent par la technologie, mais les Indiens, c'est par la mort qu'ils communiquent, la mort annihilant les différences individuelles et repoussant les limites du corps à l'échelle du groupe, lui aurait dit un cacique zoró.

Il est épuisant.

Nous rencontrons Oswald, gentil et patient petit propriétaire terrien qui a ouvert une *posada* en bordure du parc national. De nos jours, l'écotourisme rapporte plus que l'élevage mais moins que la culture intensive du soja. Il nous explique qu'il est le descendant d'une des filles de Léon Gambetta qui aurait émigrée au Brésil au tournant du siècle dernier avec son mari et ses enfants, lesquels seraient tous morts des fièvres peu après leur arrivée. Elle se remaria et fit souche, comme un arbre inexorable. Il nous raconte également qu'il perd deux à trois chevaux par an à cause des serpents à sonnettes qui les mordent au museau quand ils sont en train de brouter.

Nous commençons la balade vers 4 h 30, pour entrer dans le parc sans guide – ce qui est interdit –, sans jambières de protection pour aller couper du bambou à flèche *taquara* – ce qui est aussi interdit – et sans connaître exactement le chemin car Oswald ne nous accompagne pas alors qu'il ne reste plus qu'une heure de jour environ. Je suis scandalisé par les risques que nous fait prendre Guv et manifeste ma mauvaise humeur. Il me tend un long et vieux couteau extraordinairement effilé en me disant :

— Tu vois, ce couteau a pénétré dans le ventre d'un homme.

Phil n'a pas l'air de trop s'en faire. Mi et moi rentrons avant eux dans la nuit sur un chemin inconnu, la peur au ventre des serpents et des pumas également présents dans la région. Je crois que nous évoluons sur une ligne très mince et que tout peut basculer à tout moment dans le drame et le cauchemar. Ma nervosité augmente, je me suis remis à fumer en masse. Nous finissons bien sûr sains et saufs au resto où ils discutent jusqu'à des heures impossibles.

Hercules Florence, *Voyage fluvial du Tiétê à l'Amazone, 1825 à 1829, avec gravures de l'auteur*, en français (reprint *Editora Cultrix*, São Paulo).

Rien à faire, l'homme nous gâche notre temps. Nous devons aller tirer sur un de ses terrains où il pense faire construire une *Pousada dos Arqueiros*, un hôtel thématique où tous les archers du monde pourraient venir en vacances, discuter et s'entraîner. Mais ce rêve bien trop rationnel pour lui ne se réalisera sans doute jamais. Il passe la matinée à nous faire rencontrer des gens : l'adjoint au tourisme de la mairie qui essaiera d'organiser un tournoi traditionnel la semaine prochaine, de vieux Indiens Xavantes abordés au hasard sur le trottoir de la petite ville, d'une stature impressionnante (ils furent les plus irréductibles ennemis de la conquête), impassibles mais qui n'en pensent pas moins, rigolant à l'intérieur, entre autres un cacique à l'épaisse masse de cheveux noirs coupés au bol et aux lobes des oreilles agrandis par des bouts de bois ronds.

A tous, Guv me présente pour se faire mousser et alimenter son narcissisme insatiable. Chaque fois, il me demande de sortir mon *longbow* anglais et mes flèches de chasse. Le vieux cacique pince la corde et l'écoute chanter, puis sans prévenir me prend une flèche et la tire sur la place herbue de l'église, entre les voitures, les chevaux paissant et les chiens hagards, au grand dam des ménagères qui reviennent de faire leurs courses, leurs sacs plastiques pleins et une ombrelle à la main. Les Indiens seraient-ils repartis sur le sentier de la guerre ? Il me rend l'arc en riant, me disant *« Tá bom ! Tá bom ! »*. Je remercie à moitié amusé, à moitié alarmé.

En bout d'après-midi, nous tombons finalement sur Léo dans sa menuiserie, puis allons au chalet miniature de son copain construit tout de bois précieux. Ce jeune hippie blond à la voix étrangement haut perchée parle comme un Indien, se déplace comme un Indien. Fils d'une grande famille de diamantaires *mineiros*, à onze ans, il est atteint d'un cancer et tous les médecins le disent condamné. Sa mère alors prise d'une lubie décide de l'envoyer chez les Indiens Xavantes de la réserve du Xingú (la réserve indienne du fleuve Xingu est la plus grande du Brésil central. Elle offre un asile au regroupement des tribus. Équivalente en taille à l'État de Rio, elle représente à peu près la superficie de la Suisse). L'enfant malade y passe six mois et, grâce aux traitements indigènes, guérit de manière incompréhensible. A l'âge de dix-neuf ans, il retourne dans la réserve sans autorisation. Les chefs indiens le rejettent, arguant qu'il ne fait pas partie de leur nation. Il part alors un mois en forêt équipé d'un seul couteau, puis revient les voir en leur disant :

— Regardez-moi, j'ai survécu. Vous voyez bien que je suis l'un des vôtres !

Après son travail, en compagnie de ses deux chiens qui puent presque autant que lui et dont l'un a une patte paralysée par la morsure d'un éternellement présent serpent (il l'a soigné lui-même et l'a sauvé grâce à des herbes), il nous emmène, dans sa Citroën break déglinguée, chercher des galets de silex dans le lit d'une rivière au fin fond d'une gorge, lieu de passage millénaire des migrations animales et humaines. La gorge sombre résonne des cris des vautours et d'une cigale isolée. Nous finissons par trouver quelques rognons d'un chert gris-bleu très beau mais extrêmement dur à travailler. Nous rentrons à la menuiserie et je lui taille une pointe passable avec des outils de fortune. Il est ravi et se met à taper comme un fou sur les cailloux, mais s'aperçoit bien vite que ce n'est pas si facile que cela. Je lui explique les trois critères de frappe, la force mesurée n'étant que l'un d'entre eux, les autres étant l'angle d'attaque et le point d'impact. Traverse non loin de nous dans le jardin un gros crapaud qui peut cracher son venin à distance dans les yeux de ses adversaires. Nous finissons par tirer à l'arc de nuit, éclairés par des spots sur le cours de tennis de la résidence secondaire du recteur de l'Université de Cuiabá. Le saura-t-il jamais ?

Étrange rythme brésilien où nous passons des heures à ne rien faire, à attendre que le temps ou quelque chose d'autre innommé passe, et soudain tout se débloque, et il faut agir vite, en souplesse et avec efficacité. C'est peut-être là le vrai rythme du combat, de la bataille toujours engagée contre la vie même qui envoie sans répit sa houle érodante à la face de notre conscience. Nous finissons comme de juste au resto, à nous faire chier à écouter les délires mortifères d'un Guv fumant d'angoisse, qui n'écoute de toute façon personne d'autre que sa propre voix éraillée, se comporte en grand seigneur propriétaire terrien dégénéré obnubilé par la culture indienne du meurtre (comme il l'appelle). Ce pervers m'insupporte et m'inquiète au plus haut point.

Aldeja umutina

Jeudi, départ de la Chappada, passage à Cuiabá pour changer de fringues et faire le plein de provisions pour repartir sur *Barra dos Bugres* (la « Barre des Bougres », *buggers*, sodomites, Bogomiles et Bulgares !) vers le cours du haut Rio Paraguay. Silvio et Tadeu sont là, nous jetant des regards inquisiteurs et soucieux, témoins de notre nervosité et de notre agacement grandissants. Quel changement en si peu de jours ! Le matin, Guv nous a sermonnés de manière assez dogmatique : sommes-nous prêts à affronter la forêt et ses dangers ? Les Indiens ne supportent pas les conflits et nous devons bien nous comporter chez eux. Je demande à brûle-pourpoint à Guv ce qu'il pense de notre comportement jusqu'à présent. Il me répond indirectement en nous racontant avec force détails une histoire horrible où, un jour qu'il était très loin dans l'arrière-pays avec son contremaître et douze péons qui n'avaient plus vu de femmes depuis deux ans, ceux-là avaient voulu violer et tuer un couple de jeunes gens vivant seuls en forêt avec un commissaire de police en retraite. Le couple avait pu s'éclipser juste à temps pendant que le vieux couvrait leur fuite.

Guv n'aurait pu rien dire de mieux pour porter à son comble l'anxiété de Mi et la mienne. Une fois de plus, il refuse d'écouter nos craintes et nos objections et monopolise la parole. Mais est-ce bien encore de la parole ? La tension et le ton montent très vite. Mais, bon dieu ! nous sommes ici en vacances. Nous ne sommes pas venus dans ce pays pour mettre notre vie en jeu sur le tapis du *mato* ! Nous ne repartons de Cuiabá que vers cinq heures du soir, pour deux cent soixante kilomètres de mauvaises routes et de pistes. Nous nous arrêtons un moment en pleine nuit pour nous restaurer à une station-service où Guv en profite pour alimenter nos frayeurs avec des histoires de trafics de cocaïne en provenance de Bolivie (la source de tous les enfers) et d'attaques à mains armées de voyageurs par les bandits de grands chemins. Route atroce jusqu'à Jangada, où nous obliquons vers Barra. Les Indiens devaient nous y attendre autour de deux heures de l'après-midi pour passer le rio sur le bac et entrer dans la réserve. Nous arrivons vers onze heures du soir sans même savoir si nous n'allons pas être accueillis par une volée de flèches.

Arrivée à minuit dans l'*aldéia des Umutinas*. Atmosphère de jungle à peine sombre. Village indien endormi. Nous n'étions même pas sûrs de pouvoir y passer la nuit. Un couple de vieillards nous reçoit, installant des matelas dégueulasses (nous découvrirons plus tard que ce sont les leurs. Générosité du dénuement. Sur quoi auront-ils couché pendant ces quelques jours ?) sur les bancs de l'église du village construite comme une case traditionnelle bororo, une paillote conique tout en longueur, le toit descendant presque jusqu'au sol de terre battue. Bruits de la forêt toute proche, grillons, cigales, chuchotements, coqs, chiens, hululements de chouettes, parfois un cri totalement impossible à identifier.

Dans la nuit, je m'aperçois que Guv sue d'angoisse. Il ne peut se coucher, tourne et vire, fume clope sur clope et passe le reste de la nuit à trafiquer dans ses affaires, s'habiller, se déshabiller, se rhabiller d'un imperméable, de gants de laine et d'un passe-montagne digne d'un montagnard péruvien vivant à quatre mille mètres d'altitude, et ce sous l'Équateur, sur les franges sud de la jungle amazonienne. C'est soi-disant pour se protéger des moustiques, qu'au demeurant il n'y a pas. On ne voit plus que ses yeux hallucinés et sa bouche tordue. Il finit par tendre un arc, prépare quelques flèches, puis s'assoie près de la porte en me disant qu'il vaut mieux être prêt à toute éventualité. Je le surveille en luttant contre le sommeil jusqu'à quatre heures du matin et m'endort en rêvant qu'il s'approche de Mi pour lui planter un couteau dans le ventre.

Premier réveil dans le village indien : une troupe d'une trentaine de chevaux efflanqués passe devant notre porte sans porte escortés par quelques gamins montant à cru. Les habitants demeurent très discrets et se tiennent à distance. Grande place centrale avec tout autour des maisons de torchis rectangulaires aux toits de palmes. Quelques enfants nous observent de loin. Tout est paisible, heureux. Nous allons aujourd'hui visiter la résidence universitaire d'un lycée agricole perdu près d'une raffinerie de rhum au milieu d'infinis champs de canne à sucre, géré par la FUNAI (la *Fondation Nationale pour l'Assistance et la Protection des Indiens*), avec le jeune Waldonilson qui sera notre guide et l'infernal Guv. Les distances sont immenses ; nous roulons quasiment toute une journée.

Les Indiens des différentes ethnies habitent des baraquements bas, un pour chaque groupe. C'est le dernier jour du trimestre et ils sont tous en train de préparer leurs sacs pour partir en vacances. Tous nous détaillent rieurs et montrent un intérêt très vif pour mes arcs et mes flèches. Guv m'exhibe comme un animal de foire, une créature exotique qui ferait des tours burlesques. Nous rencontrons un Rikbaksa ami de la famille Carvalone. Nous nous approchons du hangar-dortoir des *bacairis*. Guv me pousse à entrer dans la chambrée où une vingtaine de jeunes Indiens attendent leur autocar tranquillement allongés sur des matelas à même le sol, leurs valises ou leurs sacs prêts. Cela sent le fauve humain. Ce sont tous des bestiasses d'hommes, type courts piliers de rugby, de ma hauteur ou plus petits, mais épais comme des troncs d'arbres, rectangulaires de coffre avec des avant-bras de la taille de mes cuisses. Je me sens profondément intimidé, gêné même. Ils s'approchent, m'entourent hilares et curieux, me pressent comme une punaise, veulent tous essayer mes arcs dont la puissance les étonne. Nous rencontrons aussi des Xavantes qui repartent en bus vers leurs villages du Xingu. Le fils d'un des plus importants caciques nous invite à les suivre, mais ce ne sera pas pour cette fois car je ne fais pas suffisamment confiance à notre hôte-accompagnateur qui lui est très déçu. Et puis nous sommes invités par les Umutinas et nous ne pouvons décemment pas errer ainsi en faisant du saute-mouton d'une tribu à l'autre. Nous ratons ainsi une occasion sans aucun doute unique. Regretterai-je toujours de m'être dégonflé ? De toute façon, la peur me tenaille en sourdine, agrippée à mes tripes comme un rongeur amphibie à sa bouchée de tubercules.

Le lendemain, nous organisons impromptu une petite séance de tir sur la place de l'*aldéia*. Mes arcs excitent encore une fois la curiosité des villageois, mais ne sont pas adaptés à leur méthode de tir et sont trop puissants pour cela. Avec leur propre matériel, ils sont fort précis, perçant quatre fois sur cinq une bouteille plastique vide gisant à une quinzaine de pas de là. Je m'en sors à peu près honorablement : beaucoup de flèches médiocres et quelques-unes superbes, comme d'habitude.

Pendant que nous tirons, Guv reste dans la case à trafiquer dans ses affaires et ne participe nullement aux réjouissances. Je suis sûr que ce mec est sous médicaments et que ce n'est pas à son cardiologue qu'il téléphone sur son portable certains soirs, comme il le prétend, mais à son psychiatre. Cela doit aussi être pour ça qu'il ne boit jamais d'alcool. Il se débrouille pour être quand même constamment surexcité. L'atmosphère s'est détendue entre les villageois et nous. Nous soupons chez la maman de Waldonilson, au visage si pur et si profond. Elle est Umutina mais son mari est Paresi. La femme cacique, elle, par contre, est Bororo. Ce sont là les hasards du regroupement de peuples épars et décimés, comme plus au sud dans les missions jésuites du XVIIe siècle. La dernière guerre indienne entre les Blancs et les Umutinas eut lieu en 1911. Ceux-là devraient nous laisser tranquilles.

Ce soir, feu de camp avec des jeunes gens qui jouent de la guitare et chantent des chansons de *Vaqueiros*. Nous passons une excellente soirée à deviser sur les étoiles des constellations australes, autant d'autres feux de camp qui regardent le nôtre de là-haut dans la nuit. Le Scorpion : très belle constellation de l'hémisphère sud dont le nom correspond assez bien à l'animal (*sic*). La Croix du Sud et le Centaure : la région la plus brillante et peut-être la plus belle du ciel. En pleine Voie lactée, Toliman ou Alpha du Centaure domine par son éclat. Le Toucan, la Grue et l'Indien : des constellations sans légende (elles demeurent à écrire). La cartographie de ces régions date des années 1600 à 1750 et fut établie par J. Bayer, puis par l'abbé de la Caille. Ce dernier manquant d'imagination ou cédant un peu trop à la technologie naissante, peupla le ciel du sud de télescopes, microscopes, boussoles, sextants, compas ou même de machines pneumatiques totalement aberrantes. Certaines étoiles remarquables, mais surtout des amas superbes à découvrir par nos sens irradiés.

Nous mangeons un énorme poisson-chat d'une trentaine de kilos, beige et noir rayé comme un tigre, pêché dans le fleuve l'après-midi même : un *pacú*, qui veut dire en langue indienne « celui qui reviendra ». Pour l'instant, il est parti dans notre estomac. Voudra-t-il en revenir ? Que vaut un fantôme de poisson-chat sur l'échelle du cauchemar ?

Le lendemain, nous décidons de ne pas bouger et assistons à une réunion politique du parti présentant un candidat indigène, Waldomiro, le cousin de Waldonilson, aux élections législatives. Un représentant de la FUNAI est là, qui nous regardent tout d'abord d'un drôle d'air car nous sommes entrés en territoire indigène sans autorisation. Plus tard, il m'explique qu'il a rencontré Lévi-Strauss à plusieurs reprises, en particulier lors de sa dernière visite en 1992. Les vieux Indiens sont là assis, très dignes, silencieux et observant tout de leurs yeux plissés, tandis que tour à tour certains d'entre eux expriment leurs requêtes et leurs griefs contre l'administration qui les tutelle ou les exploite.

Tout le temps de la réunion, Guv a gardé ses lunettes de soleil de science-fiction à reflets métalliques de manière à ce que personne ne puisse remarquer son regard, tout aussi mort que son écoute. Deux hommes reviennent en vélo de la forêt sur la piste sablonneuse avec des planches de palmier noir tucumã. Est-ce pour moi ? Ils ont dû faire un feu autour de l'arbre pour le débarrasser de ses immenses épines et pouvoir s'en approcher afin de le couper.

En fin d'après-midi, nouvelle séance de tir, avec les enfants cette fois-ci. Mi et Phil s'occupent de les faire tirer. Ils sont une trentaine peut-être, qui s'amusent comme des fous à retrouver le goût d'une pratique ancestrale, l'outil premier de la chasse et de la guerre dans ce pays depuis des millénaires, tandis que j'assure la sécurité, car ils courent partout au mépris des flèches qui volent en tous sens. Un peu en retrait, leurs parents nous observent d'un bon œil. Moment inoubliable : je suis accroupi sur une bûche et de tout petits bambins de deux ou trois ans me fouillent les nombreuses poches de mon gilet de reporter en riant aux éclats. Ils me harcèlent comme une troupe de petits singes curieux, sales et morveux, trouvent dans mes poches des bouts de papier, des noix, des stylos, des cailloux, une loupe, toute une variété de petits équipements qu'ils font passer d'une poche à l'autre et cela les émerveille. Je ne le suis pas moins. Ils doivent me prendre pour un de ces tableaux éducatifs en plastique aux couleurs primaires que l'on achète en Europe aux bébés pour favoriser les activités d'éveil et l'apprentissage de la coordination des mouvements. Mais moi, je suis vivant !

Bien entendu, à aucun moment Guv n'entre en contact avec ces enfants. Il se sent bien trop important et ne s'adresse qu'à des gens importants. Pour lui, je dois faire figure de gamin irresponsable et violent. Si j'avais plus d'humour et de détachement, je m'amuserais à lui faire peur. Mais peut-être qu'effectivement, comme le soutiennent Mi et Phil, il a peur de moi. Tant mieux.

Plus tard est passé un vieux petit bonhomme qui m'a observé en silence pendant que je taillais une pointe de pierre. Il s'appelle Virgile et sera mon pisteur demain pour une partie de chasse. Il rit quand je coupe un bout de cuir avec un éclat aussi tranchant qu'un rasoir. Virgile, quel nom prédestiné ! Mais je ne suis pas Dante et je ne suis pas ici pour me lancer dans une descente aux enfers. Qu'irais-je y faire ? Y voir ma mère, ma grand-mère, mon oncle et ma tante, tous regroupés depuis peu dans leur réserve pour mon éternité ? Mais qu'auraient-ils à me dire ? Et je crois qu'il n'est pas encore temps que j'aille les y retrouver. Notre emmerdeur professionnel m'explique que c'était ce vieil homme qui l'emmenait, lui, à la chasse étant enfant. Je suppose que je devrais en être honoré. Était-il aussi dingue à cet âge-là, ou la psychose n'avait-elle pas encore pris le dessus sur son âme ravagée ?

Ce soir, Garivaldo, le père de Waldomiro, est venu me montrer, dans l'église-hutte où nous couchons, comment fabriquer un arc. Il est arrivé sans un mot avec deux billettes de palmier noir et une machette. Il en prend une, la coince entre ses pieds, et en deux temps trois mouvements, hachant, taillant, raclant, grattant, l'arc est prêt, avec une facilité et une simplicité exemplaires. Il a dû y mettre une demi-heure tout au plus. Puis, par gestes, il me dit de faire pareil. Bien maladroitement, je commence, mais la machette ne cesse de m'échapper des mains, et ni mes bras ni mon dos ne semblent avoir la force nécessaire. Bientôt, je sue à grosses gouttes et l'arc n'avance guère. De plus, l'autre dingue m'interrompt sans arrêt pour me donner des conseils. Il me prend la machette des mains pour me faire voir comment la tenir et joue à plaisir la mouche du coche. Ce mec est vraiment infernal. Je vais finir par lui en filer un coup. Le vieil Indien assis sur ses talons dans un coin de la hutte nous regarde faire et rigole doucement en fumant mes cigarettes.

On nous appelle pour le souper et je m'interromps avec joie car je suis épuisé et trempé de sueur. L'arc est encore loin d'être achevé. A peine avons-nous fini de manger que Luiz-Gonzaga, le beau-frère, arrive avec quelques fûts de bambous redressés, des plumes noires de *jacupéba*, un morceau de goudron, des brins de raphia et de grandes aiguilles de bois en provenance du même palmier dont est fait l'arc. Il entreprend illico de me montrer comment on fabrique les longues flèches sud-américaines d'un mètre cinquante de long. Je m'y emploie d'autant mieux que c'est un travail moins éprouvant.

Il y a une vérité dans la fabrication que les mots ne peuvent ni atteindre ni exprimer. Tout juste peut-on pratiquer cette vérité dans la fabrique des phrases. Alors on travaille les sons, les images et les lettres comme la pierre et le bois. Alors, on entre dans la matière. Les deux hommes ont dû décider de me donner un stage intensif accéléré ce soir-là, mais Garivaldo est très déçu car je n'ai pas eu le courage de terminer mon arc en sa présence. Il est toujours aussi taciturne, mais on le sent boudeur et renfrogné. C'est étonnant de voir comment cet homme d'une soixantaine d'années, aussi massif que ses deux fils, passe des moments entiers immobile à regarder le sol, sans être apparemment présent à son entourage mais attentif à tout. Le comportement indien est vraiment très particulier, à l'extrême opposé par exemple des Brésiliens d'origine africaine de Salvador de Bahia, et plus proche de la mentalité japonaise d'une certaine façon.

Très peu dormi. Guv, Phil et Mi sont restés à discuter longtemps devant le feu de camp, puis Guv a fait son numéro nocturne habituel. Peut-être vaut-il mieux en rire. Juste avant l'aube, Virgile vient me chercher sur la pointe des pieds et nous partons dans la fraîcheur brumeuse de la rivière, entre les jardins et les petits champs de cannes, marchant à toute vitesse sur un chemin de sable. Il a pris une hache, un arc et quelques flèches emplumées d'ara rouges et bleues. J'ai moi-même tendu mon arc et pris quatre flèches de chasse aux lames d'acier tranchant. Il me montre au fur et à mesure de nombreuses traces animales, surtout de *catêté*, animal dont le nom m'est inconnu et qui doit ressembler à un petit cervidé, mais aussi de grands lézards téius, de tatous et au moins un tapir qui doit être de taille imposante, aussi des fruits à moitié mangés qu'ont grignotés les singes au-dessus de nous. De temps en temps il me donne un nom d'arbre, *paineira*, *seringueira*, *urucum*, *bacuri*, *andiroba*, ou de liane, la liane *tembo* utilisée pour asphyxier le poisson et la *cipó d'água*, la grosse liane à eau. Il en coupe un morceau d'environ un mètre et elle se met à pleurer de grosses larmes d'une eau claire que je n'ose pourtant goûter. Dante aurait certainement entendu la liane se plaindre et l'avertir de son funeste destin. Je tiens mon arc prêt à tirer et en marchant je me dis :

— Tiens, là, ce serait le bon moment pour que quelque chose traverse le sentier…

Peut-être une fraction de seconde après que j'ai eu cette idée, une sorte de pintade traverse effectivement devant nous, mais hélas bien trop vite pour que j'aie le temps de viser et de tirer. Mais je ne pense pas que Virgile ait jamais eu l'intention de me faire chasser, car tout au long de la promenade, il a gardé son arc détendu, attaché avec sa hache sur l'épaule.

Après deux heures de marche à toute bringue par des sentiers de plus en plus étroits, nous arrivons dans un coin de forêt plus dégagé, où il me montre un petit arbre à l'écorce comme du liège, mais gris-noir, profondément striée, et aux feuilles bilobées. C'est le célèbre *coração de negro*, le *purple heart*, l'arbre sacré au cœur violet appelé en français amarante. Il se met à abattre l'arbre encore jeune et, à la machette, à l'écorcer, puis à en dégager l'aubier jaune tendre. Il finit par arriver au cœur, effectivement d'un violet intense et surprenant, à la fois lourd, dense, mais souple à la fois. Cependant, le tronçon qu'il me prépare est bien trop court et noueux pour y tailler un arc. Je comprends mal ce sacrifice inutile et crois bien entendre le bois gémir et se plaindre de l'injustice qui lui est faite. Voilà encore un coup que je n'emporterai pas au paradis. Virgile me fait comprendre qu'il y en a un autre plus loin, beaucoup plus gros, mais qu'il ne peut le couper car sa hache est émoussée, ce qui est vrai, je le constate. Il porte pourtant à la ceinture une lime qu'il utilise comme pierre à aiguiser. Sans doute, comme pour chasser, n'allait-il pas abattre un grand arbre de cette forêt certainement plus très vierge rien que pour un touriste prédateur de passage. Cela n'a aucune espèce d'importance. J'aurais au moins appris deux choses lors de ce voyage : l'utilisation du fil goudronné auto-adhésif et à faire confiance à mon intuition.

Notre séjour chez les Umutinas a fini par toucher à sa fin. Une fois de plus, nous sommes partis bien trop tard, peu avant la tombée de la nuit. Nous avions pourtant expressément demandé à Guv de faire la route de jour. Mais il n'en finissait plus de parler avec la replète cacique bororo de Dieu sait quel échange culturel, commercial ou autre. La route transamazonienne trace le milieu de nulle part dans la savane du Sertão et les énormes poids-lourds à trente-deux roues, arrivant en trombe de Santarem ou de Bolivie, foncent sans écarts ni limites, écrasant ou repoussant tout devant eux de leur souffle grondant. Les nids de poule se creusent de la profondeur d'une flèche dans la piste. La petite Honda de Guv est surchargée, avec lui conduisant, parlant, gesticulant dans la luminescence verdâtre du tableau de bord et Phil devant, Mi, Waldonilson, le jeune Indien nous servant de guide-laissez-passer et moi derrière, plus des boisseaux de flèches, des faisceaux d'arcs, des casse-têtes et des paniers remplis de parures de plumes achetées ou reçues en cadeau. Je suis absolument furieux de ce nouveau départ si tardif.

La lune rousse d'août se lève à notre droite. Je la regarde et la prie qu'il ne nous arrive rien. Nous ne devons plus être très loin du *Portão dos Infernos* et de la descente tant souhaitée vers notre mer intérieure. Les lumières de Cuiabá luisent tout au fond de la plaine nocturne. Soudain, le trou. Deux pneus éclatent l'un immédiatement après l'autre. Sous le double choc, Guv lâche son volant. La voiture fait une violente embardée, comme explosant. Le ravin !!!

FEMINI FLUXUS

Il n'y a rien de plus beau qu'une plume qui tombe, dix mille fois plus qu'une feuille, surtout quand l'oiseau l'ayant perdue dans le ciel demeure invisible. Les mots sont des signes qui représentent des choses qui ne représentent rien. Alors il ne nous reste plus qu'à dire, c'est-à-dire écrire le parler entre les lèvres du monde : *labia major, labia minor. « Por la boca de su herida »* (« Par la bouche de notre blessure »). Il s'agit de nous ouvrir une plaie, au flanc gauche de préférence, pour laisser pénétrer par chance le sens au cœur plein d'une conversion d'organes. Et nous laisser toucher. Nous nous abandonnons au plaisir de ne pas savoir dans le canyon jusqu'où l'érosion du vivre nous engouffre. *Rafting* – les eaux bourbeuses emplissent nos yeux de larmes épaisses. Sucre brun femelle qui coule du tronc. La gloire de te voir m'affaiblit et m'enchante parce que tu es l'esprit du concept qui se laisse boire.

Ne chevauchons-nous pas le crocodile de tes peurs que j'essaye vainement d'embrocher de flèches humaines ? Tes cheveux ne craignent-ils pas de sortir ton corps de son sarcophage d'albâtre pour le laisser reposer nu au milieu d'une pièce ocre ? Ne cherches-tu pas à protéger ta propre parole de l'âge qui sombre et qui affecte tes proches ? Je m'éloigne de la stature et du repos comme une ruine agitée ignorant sa propre grandeur. Mais nous sommes ensemble. Nous marchons dans les rues espionnes au milieu d'une foule qui parle des Amériques et de jeunesse tandis que les cocons du temps, cette chenille, se défilent. Nos rencontres s'ouvrent les unes après les autres cachées derrière des panneaux d'ironie et de misère ; la lagune coule et fond dans notre ventre tandis que je cherche neuf fois à t'embrasser neuf fois. L'Architecte, son plan, nous le tenons entre nos pinces, nos efforts, ton parfum sucre et poudre et l'odeur de ton petit sexe entre le propre et le malpropre, attablés. La tornade qui a dévasté Miami n'entaille que la surface de nos regards. L'oubli à tout moment pointe contre lequel Ganesh lutte. Cuis-moi du pain. Fais-moi manger de ton pain et endors-moi dans l'oubli de moi-même, l'oubli de mes combats au son des martinets et des cigales de ma Provence lointaine. Il y aura toujours assez de lumière pour nous deux. Je me défie de moi-même et te reçois dans l'entonnoir de mes mains. Toutes mes mains. Grande, si grande et qui va encore grandir, pour toi je continuerai à visiter les cryptes ouvertes en espérant m'y évanouir.

De la mort et des insectes naît la poésie, qui est une érotique de l'écriture. Mais quelle est-elle vraiment, cette écriture ? Le jus de la vie que l'on presse et extrait d'entre les dents. Des bulles dans ce jus orangé, et le dragon du temps qui s'étale sur la peau du bras, de l'aile, de la nervure, de l'envergure, polychrome déployé en cette fin de siècle à Londres sur les toits. En cette fin de vie, de ma vie :

— Si tu veux parler des toits, laisse-les venir à toi !

En toute humilité, sans aucune importance, comme l'insecte se penche sur le calice de la fleur, son parfum rêveur. Il s'agit peut-être d'un frésia, ou d'une lobélia, ou même d'une amaryllis, le lys de l'amour amer. Qu'importe puisqu'il faut marcher, nager, sans savoir où se reposer, où poser les cheminées du dire. Devrait-on se méfier de l'excès, de la densité, de la continuité, lorsque ces cheminées plongent dans les fours, dans les foyers profonds, incertains, des échanges, de la communication ? Que nous le voulions ou pas, il faut jouer. Alors où sont tes rêves ? Où sont les formes seules qui comptent de l'excrété, de l'exprimé ? S'oublier. S'oublier pour assister au buisson touffu des genèses. Sans savoir.

Je n'ai plus d'oxygène depuis longtemps, vis en circuit fermé, anaérobie. Je conserve mon squelette externe caché sous la peau, derme terne, et rien de moi ne brille. J'en suis profondément satisfait. Le vit en bronze de la statue brille sur la tombe tandis que le reste du corps allongé s'étale sous le vert-de-gris et la mousse. Du centre sexué aux extrémités motrices, le rayonnement se diffuse et l'énergie panique perdure. C'est peut-être vers cela que nous marchons des membres à la gorge, vers quoi se dirigent nos infimes légions.

Comme un sexe mort et pourtant toujours rayonnant, l'écriture ne peut se détacher de l'action. L'écriture est une action qui dure sans essence, car l'écriture est comme un individu qui continue à vivre après avoir perdu sa mère, c'est-à-dire la source et la raison de son existence. Une vie détachée de tout sens. J'ai si peur de moi-même que j'ai envie de connaître ton corps pour qu'il me rassure. Lui au moins existe hors du champ de ma conscience, hors de mon champ d'inconscience, et de ses récoltes. Mon insecte. Mon amour. Que tu viennes les ravager. Quelle différence y a-t-il entre une auto-icône et le masque de soi-même pendu à une branche dans le jardin devant le temple, *pro fanum* ? Aucune vraiment si ce n'est que le premier est déjà mort. Roulement de tonnerre. Ton silence, est-ce de la confiance ou une attente, une inexistence à moi-même, un refus de déboutonner ta peau qui n'est qu'une autre forme du cœur ? Mais si je comprends bien, il n'y a que la continuelle dévoration du monde par mon existence qui pourra me débarrasser d'elle.

Absorption, absorption, absorption. Nous prendrons l'objet que la déesse daigne nous offrir et qui est son corps. Bien plus qu'un objet, nous le traiterons comme un don puisqu'il vise à nous transmettre l'être même de la matière. Ton corps est un host, le rassemblement guerrier de tes humeurs, *femini fluxus*, et non une hostie. C'est le véhicule que tu acceptes de mettre à notre disposition pour nous élever. Mais ce n'est pas toi qui nous élèveras car tu n'es pas notre mère ; tu n'es que celle qui nous aidera à perpétuer ce que notre mère nous a donné, à développer les facultés de ce corps et à en jouir alors même qu'elles tendent à diminuer. Il s'agira donc ici d'une lutte à corps et à cris contre nature et contre temps.

Ton corps n'est pas en lui-même une hostie car nous ne pouvons le dévorer, mais seulement le lécher, en absorber les suintements comme certains hallucinés le font avec la sueur toxique des crapauds, énormes bêtes prises à pleines mains et à pleine langue. Notre bouche est le lieu où le laid et le beau se rencontrent. Ce qui n'est pas le cas de notre œil. Un contact même indirect finira toujours par nous enseigner à devenir indifférents à nous-mêmes, à devenir non seulement autres mais ouverts et multiples. Comme la ponte de ce crapaud mâle accoucheur *Alytes obstetricans*, je te porte sur mon dos. Absorber tes fluides me permettra d'accéder à la conscience liquide de mon masque appendu, à devenir ainsi flottant, fluctuant, variable, illimité, car ce qu'à travers ton corps tu nous transmets, c'est l'infini matériel, et la marque de l'instant. Je commencerai donc par ta sueur, qui est comme une pommade que je raclerai entre tes plis, tandis que tu me recouvres de ta toile.

Je me présente devant la bouche de ton corps comme le Christ face aux portes de l'enfer. Exhalaison des limbes. Ces portes, c'est toi-même qui les fracasses. Je reçois la pluie de ta salive dont j'inonde tes seins comme deux bénitiers. Je suis la vasque qui transvase. Je deviens l'animal de pierre sacrifié au fond de ta grotte baroque qui suspend le sens dans l'accumulation des objets des sens. La cathédrale toute de marbre blanc, vert et rose est prodigieusement belle, mais ton corps aimant vivant est encore plus beau, qui lave ces marbres de ses sucs, même s'il doit passer, même s'il n'existe que dans le passage, même s'il est peut-être déjà passé. Le bombyx de la vigne m'accorde ses dépouilles cotonneuses. Je m'en revêts et ma toge drapée flotte emportée par le grand souffle, expiration qui sort de ta matière. Phéromones dérivants. Ta poésie, c'est l'appel d'air lancé par l'extérieur à l'intérieur, et le courant qui en remonte. Il ne peut y avoir de sacré que matériel, et le masque en terre cuite du poète pendu à l'entrée s'agite tandis qu'une main d'enfant transperce sa bouche vide : *Persona*, tel est le nom qui se construit. Accorde-moi cette langue qui lèche les marbres.

Et voici tous les anciens lecteurs qui sortent les uns après les autres effarés de ton gouffre. Ce furent les adorateurs de ton corps, enfouis, ensevelis, que le verbe du vent tenu à pleine main ressuscite et qui s'inondent de tes larmes. J'en veux. Et de ton sang, et de ta sève, et de tes suintements, et de ta bière qui tourne l'humain en oiseau vautour d'amour. Je vois Dante s'avancer le long de l'Arno la main tendue, noble mais suppliant de recevoir. C'est une immense supplique dans laquelle nous mordons. L'enragement de la demande, les loups du fleuve, les brochets de la pluie prêts à fondre sur ordre.

Mon ange souverain, cela ressemble tellement à chez moi ici que je me demande pourquoi je suis allé ailleurs. Les dalles de l'enfer nous portent au sommet. Dans l'île d'Alba, la flèche d'Alba à pointe ensalivée par Vénus lithophage, il n'y a que des fées, des têtes ailées comme des noctuelles, des montagnes dont on ne peut voir la base, et les enfants qui s'y démaillottent sont des chenilles se refusant à la métamorphose. *Ospedale dei Gettati*, « l'Hôpital des Rejetés ».

Des anges diaboliques forgent la chair des hommes à coups de maillets tandis que Madeleine sensuelle s'endort un crâne blotti contre son ventre. Je veux être cet amant décharné. La Madonna du secours menace de son bâton un diable cracheur de feu ceinturé de serpents qui cherche à piquer de sa fourche son enfant effrayé. Ton père a des yeux vert d'eau. Sa tête très grise flotte dans un nuage vaporeux mais noir de poils, de barbe et de cheveux qui lui font un halo obscur et qui la détachent comme une trouée sur la moire de soie jaune de ta robe. La perte de son sang l'a statufié. Et si c'était Marie-Madeleine qui avait demandé la tête de saint Jean Baptiste ? Je te rends donc grâce, à toi, pleine de l'embryon christique flottant en ton vif secours, en ton entrelacs de plumes et d'écailles. Les anges à six ailes tourbillonnent la mise en route du monde imaginaire. Dans le baptistère de ta cathédrale, nous devrions arriver à produire quelque chose qui, pour nous-mêmes, ne voudrait rien dire, strictement. Les têtes de la mort de notre enfance roulent sous nos pas. De nous le diable se nourrit et nous vomit ; traversée de la matière. L'espace fourni dans l'attente de sa bouche se comble des bucranes dont nous nous dépouillons, toi, moi, et l'englobement du reste. Les tombeaux étrusques sont là pour nous rappeler que la mer nous boit, et que l'amère et douce langue du diable sur laquelle un œil s'est posé nous voit.

Ce sont les purs qui rôtissent. Moi, je me gorge de la vision et du goût de tes humeurs qui arrêtent le temps. Je suis ce moine maladif anémié buvant au calice duquel sort un dragon noir, le dragon des pluies et du jouir. Certes, les griffons représentent les dangers du voyage dans l'au-delà, mais les monstres marins se glissent tout autant dans les recoins de notre peau terrestre, épilée ou pas, rasée ou pas, et pointent leurs doigts crochus vers la gloire de la matière. Il faut les suivre pour comprendre, et pas ailleurs dans l'immaculée, car c'est cette image maculée de jus qui nous dit que nous n'avons pas à nous en aller, que nous n'avons qu'à rester là, dans le repos de la possession, *pietra fetida*, dans l'odeur des pierres et de la chair mêlées ensemble, mâchées et malaxées, d'où ressurgira ta conception. De par la lutte en nous des pleureurs et des enragés ; de par le sang de la méduse avalé ; de par le lait du temple qui dresse au ciel ses seins de pierre et crache son sperme femelle à la face des devins bouchers, aveugles, expatriés, *Pieta* puante et pourtant étourdissante de devenir ; de par l'antre des nymphes au pied desquelles nous nous jetons en pleine nympholepsie pour ne plus jamais nous revoir. Car c'est toi, la déesse qui produit par ses mictions l'eau dans laquelle tous les miroirs fondent ou se brisent. Je suis le verrat, le bélier et le taureau que l'on amène à l'abattoir sublime et j'en suis fier car de mes chairs pétries un essaim se lèvera, d'abeilles quittant pour toujours le rucher honni du sens.

Les déserts sont remplis de murs nus qui pivotent et peuvent à tout moment se dresser devant le voyageur aveuglé d'idées. Lorsque l'état du malade atteint sur la route des champs brûlés est trop critique, ses rêves continuent sans lui. Seule une douche entière de la sueur d'Isis pourrait encore le sauver, en l'inondant à partir de la racine de ses cheveux. Mais il est probablement perdu, car il est fort rare que la déesse daigne produire en telle abondance. Du haut du mur qui s'effrite, les harpies perchées guettent ses restes desséchés. Quelle tristesse que le chant du grillon sous un crâne ! La sueur du soir est la meilleure. Celle du matin est suspecte. Le parfum fort de la sueur divine affole les papillons de l'âme. Il attaque autant les yeux que la bouche et les narines. Notre langue ainsi alimentée transmettra au cerveau un discours régulateur qui l'apaisera sur la base d'une rythmique lente de pulsations calmantes. On lira dans quelques-unes de ses bulles recueillies au creux de la main le destin à court terme. Ainsi en a voulu la vache aux cornes plus vastes que le ciel et qui ne pleut que lorsque aucun nuage ne vient tacher sa robe dans l'immense nullité de l'air. Salomé, elle la relève pour laisser voir sa source bleu sombre. Et rouge de mes yeux qui s'y noient, la fente de sa tirelire pour un cochon qui s'y croit (et qui attend, de l'égout gnostique au plus bas).

Car comment autrement mêler la nostalgie à l'espoir si ce n'est en se rabaissant à la mesure du sexe d'une petite fille sans oser le toucher, et en parcourant le reste du temps hâtivement les rues dans la colère du vide ? Et combien se sont pendus pour n'avoir pas su résister à la vindicte publique ? Ses lèvres sont déjà là, à peine ébauchées. Voilà que celle-ci tant de joie lui procure qu'elle en inonde mes chaussures. Sans crainte, il s'agira de savoir laquelle nous voulons vraiment.

Basho, qu'en as-tu fait, des femmes, dans tes pèlerinages ? Je sens mes ailes froisser leurs rémiges dans l'envie de se rabattre. Qu'un goéland vole en pleine rafale et ses pupilles orange soutiennent l'averse. Ce n'est peut-être qu'un voile qui tapisse le palais de son refus à n'en plus finir la soif. Mais ce n'est peut-être qu'un voile... Une croix posée sur la bouche bâillonne et censure. J'espère seulement que mon ignorance sera suppléée par la réalité de ce lieu qui est le tien, et d'où toutes les sources découlent.

OBITUAIRE

Valédiction : un appel qui part du tréfonds
Et rejaillit telle la parole d'un puits
Rapporte l'écho du monstre pur englouti.
En son sourire, la sirène dévorant
Nos pêcheurs partis piéger la satisfaction
Aimante de grands singes échoués sanglants.

(Ils s'assouvirent sur une femelle phoque
Qu'ils prirent pour une sirène, l'écorchèrent
Vive afin d'en vendre la peau. Elle arriva
A se traîner jusqu'à la mer. Baignant sa chair,
L'eau bouillonnait. Plus tard la folie emporta
Ces hommes, leurs frustrations, un essaim maniaque.)

« Adieu » dit le masque sans dents qui rit tourné
Vers l'intérieur de sa face sourde. « Je vais
M'accoucher de désirs qui n'ont plus cours. La mante
Marine saura où me dépecer le ventre. »
Ses ailes pressées entre les pages d'un livre
Chantent l'écueil final auquel l'auteur aspire.

(Autour d'un bûcher funéraire on joue
La deuxième symphonie en ré de Sibelius.
Tous saluent la houle des désirs qui se consument
Eux-mêmes, telles ces branches brisées de Dante
Qui sifflent le sang et des paroles de regrets :
Come l'altre verrem per nostre spoglie

(Comme d'autres, nous reviendrons vers nos dépouilles),
Mais jamais plus nous ne pourrons nous en revêtir
Car notre peau à la chaleur du mépris a rétréci.
Porca Madonna, mais qu'est-ce qui m'a donc pris !
Les corps de femmes s'amoncellent sur celui de Patrocle
Tandis qu'Achille seul cherche en vain le martyre.

Il est mort le 21 novembre 1997, ou peut-être était-ce le 18 mars, je ne sais plus. La confusion des dates nous met mal à l'aise comme cette chimère au fin corps de lévrier, aux ailes d'aigle et au visage fermé d'éphèbe, un sphinx à ce qu'il paraît, mais si jeune et si beau qu'il est douteux qu'il sache quoi que ce soit, à plus forte raison qu'il soit capable de poser des questions. Même sous sa morsure, nous refuserions de répondre.

Toute sa vie, il essaya d'incarner, c'est-à-dire de mettre en chair, de déposer dans son écrin de viande, une antithèse. Ce qui rend l'hagiographie impossible, c'est le moment où les extrêmes refusent de se rencontrer. La sainteté rejoint toujours le monstrueux, et nous ne sommes ici que dans le médiocre et le banal. Lorsque l'on traite du lieu commun, la Légende dorée se transforme vite en charbon de bois fossile. Né sur les bords de la Méditerranée, île d'eau entourée de roches blanches, il passa la seconde moitié de son existence en Grande-Bretagne, sur l'autre marge insulaire mais cette fois humide de l'Europe. Il voyagea de la poussière à la boue et de la boue à la poussière. A aucun moment cependant il ne renia sa langue qu'il crut perdre à plusieurs reprises, en particulier lorsqu'une balle lui traversa la mâchoire durant un assaut à Monte-Cassino. Par bonheur, la langue est, avec le foie, la partie du corps qui se régénère le mieux. Les anciens croyaient que le foie était le siège du courage et l'on sait aujourd'hui que la langue n'est que la mère du sens, ce qui nous fait apprécier l'un et dédaigner l'autre. Ce ne sont que des superstitions.

Cette configuration était-elle due au hasard ou à une manipulation volontaire ? Sans doute se méfiait-il de ses organes internes et de ses origines italiennes, ce qui le rendait difficile à maîtriser. Il se donnait du fil à retordre. Dans sa vie bipolaire, il essaya de mettre en pratique cette alternance rythmique d'exils et de retours qui résidait à la source de son expérience poétique, comme si ce sens tant méprisé naissait d'une rupture qu'il se voyait pourtant condamné à perpétuer. Très tôt, il alla chercher dans les mots et un exotisme relativement primaire les compagnons de son enfance solitaire. L'Afrique, puis l'ensemble du monde primitif, l'attiraient. Il semblait y trouver une sorte de vérité.

A quatorze ans, alors à Paris, l'adolescence le prit à revers. Tout en composant ses premiers poèmes, il trouva difficile de s'intégrer aux activités courantes de la jeunesse qui l'environnait. A dix-neuf ans, il perdit sa mère, ce qui l'autorisa à s'affranchir des liens physiques qui le rattachaient à elle et à remettre en question un édifice familial déjà fortement battu en brèche. Des années d'incertitudes et d'errances intérieures le poussèrent à se plonger toujours plus dans une écriture qui s'offrait à lui un peu comme un moindre mal, ou un pis-aller. De l'amas se dégage l'essence et l'excès s'épuise dans l'urne des mots. Il passa son bac en candidat libre et alla étudier les lettres à Aix-en-Provence où il se spécialisa dans la poésie des XVIe et XVIIe siècles et les représentations baroques de la nature.

Ses études furent émaillées de voyages en Extrême-Orient, en Inde et en Afrique du Nord, voyages qui lui donnèrent à croire qu'il vieillissait plus vite que les autres. Il en ramena également le ferme désir de se maintenir systématiquement dans la *maya*, l'illusion de la multiplicité des phénomènes. Durant ses études aixoises, il aida à fonder la revue *Détours d'Écriture* et participa avec enthousiasme aux activités du groupe de l'*Amateur de Plein Air*. Il puisait ainsi son inspiration dans l'Antiquité, l'archéologie, l'anthropologie, les cultures orientales et la biologie dont il fut toujours un passionné.

Après une première année dans le Wiltshire où il rencontra celle qui allait devenir sa femme, il redescendit enseigner en Provence. Cependant, la vie hédoniste qu'il y menait ne satisfaisait guère son masochisme et son goût pour les macérations intellectuelles. Il repartit en Grande-Bretagne, animé par cette instabilité et une continuelle soif de se perdre qui le poussaient à briser des frontières, non pas certes par désir de liberté, mais bien plutôt par envie de prendre le déterminisme à contre-pied et pour se prouver que les choix qu'il faisait en étaient sans en être. Ainsi se justifiait-il en tout cas, car il était en vérité profondément conservateur bourgeois.

Deux enfants comblèrent son désir de paternité qui se transforma vite en un besoin farouche d'indépendance et le sentiment qu'il avait été manipulé par quelques gènes tout à fait étrangers à la raison, mais sa raison commençait déjà à se faire la malle. Elle ne devenait plus qu'un accessoire encombrant auquel se raccrocher parfois en désespoir de cause, à défaut d'autre chose, d'une terre commune par exemple, ou même d'un souper entre amis autour d'une fosse. Il se comparait alors à une branche bourgeonnante, ou à un grand singe creux. C'est à cette époque qu'il publia un certain nombre de poèmes imagés mais hermétiques et de traductions dans des revues comme *Action poétique*, *Agone* ou la *République Internationale des Lettres*. Après plusieurs années passées à avaler des couleuvres dans un collège privé des plus traditionnels, celles-là lui ressortant dans l'intimité par les orifices du crâne comme les anguilles évident la tête d'un cheval noyé, il rencontra la directrice du département de français de l'*University College London*.

Une période très prolifique s'ouvrit alors pour lui. Il y enseigna avec plaisir, y cofonda la revue bilingue *Interstice* et acheva une thèse sur l'image du cheval comme métaphore de l'inspiration poétique chez Lord Byron et Victor Hugo. Il publia ensuite confidentiellement une version française de sa thèse, puis deux petits livres consacrés respectivement aux insectes et aux oiseaux, qu'il voyait comme des épiphanies du réel, symbolisant l'alternance d'inspirations et d'expirations qui animait son écriture. Certains parlèrent à son sujet de « matérialisme sublime », d'autres critiquèrent son manque de structure et de profondeur. Son absence de simplicité, les excès de son style surchargé et sa rhétorique poseuse sont indéniablement à regretter. Plus récemment, il travaillait à un triptyque consacré aux dragons, aux grands mammifères et à l'homme primitif, espérant aboutir à la saisie d'un espace humain intermédiaire entre nature et culture, mais se défendant énergiquement contre toute suspicion d'évolutionnisme dialectique. Au-delà, après tout, et surtout dans ses textes, il ne savait guère où il voulait en venir, et cela le satisfaisait plutôt, y voyant une méthode aléatoire pour laisser pénétrer un courant d'air un peu plus frais dans la forge de ses expressions.

Toujours travaillant à *UCL*, son humeur s'assombrit et il devint de plus en plus tourmenté. On l'entendit souvent se plaindre d'une meute de chiens qui le poursuivait. Il les décrivait comme des formes enragées, mi-liquides, mi-ignées, qui l'habitaient, s'échappaient de son corps et cherchaient à y retourner avec la plus grande brutalité, presque par effraction. Un jour, il me dit que ses émotions le « violaient ». Il s'enfuit à plusieurs reprises, sans doute vers la côte, mais toujours pour de courtes durées, et ses propos devinrent de plus en plus incohérents.

Dans l'une des dernières conversations que j'eus avec lui, il me parla de son projet de détournement de *curriculum vitae*, de sa lassitude de la transparence, de son désir d'étudier à nouveau le latin, selon lui langue des morts qu'il fréquentait et de sa visite aux catacombes de l'avenue Denfert Rochereau, à Paris. Il me cita cette phrase : « *Hic regnum mortis incipit* » (« Ici commence le royaume de la mort ») qu'il crut lire le jour de sa naissance et me demanda à brûle-pourpoint de quelle nature pourrait être la confession de celui qui se sentirait porteur de tous les péchés du monde. Il croyait aux fantômes et était persuadé d'en avoir vu plusieurs. Il me raconta aussi une visite chez une prostituée qu'il n'était plus sûr d'avoir faite peu après la mort de sa mère, essayant peut-être d'apprécier la distance qui sépare Marie de Madeleine. Plus encore que la mère, la prostituée est censée toucher au divin et celui-là prévient :

— Pourquoi devrais-tu périr avec moi ? Détourne ton regard de mes yeux.

Sans résoudre aucun dilemme, la tentation vient souvent s'immiscer entre choix et destinée. Durant les derniers mois de sa vie, il s'enfonça dans une complaisance que lui-même qualifiait de larmoyante et d'indécente, faisant étalage de ce qu'il croyait être ses nombreux échecs amoureux. On aurait pu croire qu'il était en train de mettre en scène sa propre disparition par la honte, l'extinction de l'auteur s'il en était. Mais comment l'aurait-il pu ? Où se serait-il placé ? Sur quel bûcher des vanités allumé par son fils qui serait son père, son grand-père et son arrière-grand-père, alimenté par ses propres créations, cageots, rondins, troncs, planches et branches, combustibles ses enfants ? Comment pour finir accepter un texte qui se limiterait à l'expression d'une névrose personnelle ?

Il est certain qu'il concevait son écriture comme à la fois une confession et un sacrifice, mais aussi comme l'édification d'une arche qui préserverait le monde préexistant à sa venue des dangers et destructions que celle-ci pourrait provoquer. Là encore, c'était cultiver une illusion, maintenir toute l'ambiguïté dans l'acte de nommer qui détruit autant qu'il crée. Shiva bouche bée la plume à la main. Le fait est qu'il est mort nul ne sait trop comment. Il semblerait qu'il se soit brûlé lui-même, par une combustion spontanée, lente et indolore, le vaste zéro du diable à son chevet. Les témoins ne retrouvèrent que des cendres, traces d'une conscience carbonifère.

— Eh bien, il ne manquait pas d'air, celui-là !

— Mais, tu vois, c'est l'oxygène qui attise la combustion.

Dans l'ensemble, ses productions minérales n'ont sans doute pas suffisamment de force pour être détruites par un coup de grisou salutaire et c'est pour cela qu'elles traînent, confites dans la haine de leur destinée. Il m'arrive souvent de penser à ce qu'il aurait pu devenir.

LA FÉE DES DENTS

(Hope & Sufferance wharf)

à H.S.

L'Entrepôt des Espoirs et des Douleurs ; c'est peut-être là qu'elle habite. Un jour, peut-être, je pourrai enfin pénétrer son antre.

Je m'étais séparé de leur mère depuis quelque temps déjà, environ trois ans, et venais juste d'emménager dans un appartement petit mais clair, doté d'un jardin mouchoir japonais que je transformerais bientôt en carrière de rêve, l'entrée d'un puits de verdure, une jungle de banlieue. Je faisais donc visiter à mes enfants l'appartement encore presque vide lorsque ma fille avisa sur une commode un minuscule coffret de laiton ouvragé, d'origine probablement moyen-orientale. Elle connaissait déjà bien cet objet puisque c'est elle-même qui me l'avait offert pour mon anniversaire deux ou trois ans auparavant, sans doute trouvé pour quelques *pences* tendrement dépensés dans une brocante ou une quelconque *charity shop.* A l'échelle de son temps distendu d'enfant, cela faisait une éternité qu'elle ne l'avait vu.

Elle tendit la main et s'en saisit, pleine de chaleur pour cet objet familier qu'elle retrouvait dans un lieu encore étranger et qui lui demeurait à investir. Son frère plus jeune s'approcha, également plein de curiosité.

(Thème de la rétention. Descendre dans le passé comme dans un puits ; y rencontrer la maladie du passé qui s'enfle au point d'en devenir futur, et l'insondable douceur de sa mélancolie ; le rythme cool des ballades de Miles Davis. L'intérêt de Clint Eastwood pour le jazz des années cinquante. Ce que la *beat generation* serait devenue si elle n'avait pas prématurément vieilli, si elle était demeurée perpétuellement jeune de son délire. Paradoxe du non-devenir. Syndrome de Peter Pan. Mais à la place, la fonte des sentiments).

Or, voilà qu'en la prenant, la petite boîte tinta d'un cliquetis surprenant. Je savais ce qu'il y avait dedans et observai les deux enfants un peu en retrait, attendant de voir leur réaction. Hannah ouvrit vite le coffret métallique et tomba en arrêt à la vue de son contenu : des dents de lait. Une vingtaine de dents de lait. Toutes celles qu'elle et son frère avaient perdues les années précédentes et que la fée avait engrangées là, comme un écureuil enfouit ses réserves pour des temps plus difficiles. La tradition anglaise le voulant, la Fée des Dents les y avait mises de côté pour pouvoir en utiliser le pur ivoire afin de continuer à fabriquer les touches de son piano magique, l'infini piano sur lequel elle joue ses sonates colliers nambikwaras et dont elle peuple de ses sons l'infra-monde où elle demeure. En jouir d'un évanescent plaisir comme celui de contempler cette matière noire qui forme, d'après les calculs, quatre-vingt-seize pour cent de l'univers mais que jamais personne n'a encore pu repérer ou prouver autrement que par les mathématiques. Et pourquoi cette matière inconnue ne serait-elle pas en fait formée des sons produits par le piano de la fée ?

Malgré ma promesse initiale, je me rends bien compte combien il est illusoire d'essayer de décrire la Fée des Dents, puisqu'elle est polymorphe, éminemment plastique et de toute façon la plupart du temps invisible. Autant essayer de donner corps à des sons, précisément. Mais peut-être puis-je arriver à tourner autour d'elle avec patience et constance, à en percevoir pour un instant le souffle de son passage sur mon visage et à la définir *in absentia*. Peut-être parviendrai-je à la rêver, à plonger ma tête dans son sexe de rêve, à en sentir un relent, un arrière-goût, une humeur laissée derrière elle longtemps après, d'impalpables traces, le souvenir de son ombre en illusion homéopathique.

*

Je crus un jour enfin pénétrer l'antre de la Fée des Dents. Il s'agissait d'un large puits dans lequel on descendait par un escalier en spirale taillé le long de la paroi, sans rambarde ni garde-fou. Le vertige était au bord de me prendre et je me plaquais contre le mur de vieilles briques luisantes en évitant de regarder au fond du gouffre. On se serait presque cru sous la Tamise, dans le tunnel qui relie l'Ile des Chiens à Greenwich, mais pour finir, tout en bas, je me retrouvai au *Pitt Rivers Museum* d'Oxford.

J'avais atteint un vaste hall où toutes les activités du globe de l'ancien temps étaient emmagasinées et répertoriées. En premier s'y accumulaient des objets imprégnés des denses couches de la cruauté humaine : chaises de torture et armes de toutes sortes, fusils à pierre, pistolets à trente coups, sarbacanes géantes et haches de jet, couteaux d'obsidienne et massues d'épines. Mieux valait détourner le regard et oublier les flots de sang et de souffrances que cet outillage-là avait fait couler. Le pire était que même ces engins n'étaient pas dépourvus de beauté. Mais dans les étages et vitrines inférieures, celle-ci s'étalait à n'en plus finir :

Couteau aranda ou kaytétyé. Australie centrale. Obsidienne montée sur une poignée de bois recouverte de résine rouge. Collecté en 1901-02 durant l'expédition Spencer-Gillen et offert par W. B. Spencer, 1903/1939-41.

Bouteille bouchée en argent, dite contenir une sorcière. Obtenue aux alentours de 1915 d'une vieille dame vivant dans un village près de Hove, Sussex. En la remettant, elle remarqua :

— Et faites bien attention en la manipulant vu qu'il y a une sorcière dedans, et que si elle en sort, ça va causer pas mal de tintouin.

(Présentée par Miss M. A. Murray, 1926.)

Village de Longkhaï – Konyak. Casque de guerrier. Chapeau tressé de roseaux orné de deux minces lames de cornes *mithun*, de deux croissants de laiton, de la peau des pattes avant d'un lézard moniteur et de deux têtes humaines sculptées en bois. De larges touffes de cheveux humains et de poils de chèvres pendent du bout des cornes et d'une tige de roseau plantée au sommet du casque. Ce casque a été donné par un homme nommé Wong. Collection de J. P. Mills. Octobre 1923. 1928.69.590.

En contact direct avec les ancêtres qui s'étaient laissés renfoncer dans la nature à coups de temps sur les tempes, j'entrai presque en transe, animé par une activité maniaque de création, la folie de reproduire parures, armes, outils, instruments de musique et d'éclairage, ornements de plumes, masques et étouffements. Ce qu'il m'en eût coûté ? Le détachement progressif de la vie pratique pour m'enfoncer dans la matière des hommes, des femmes et des enfants qui vécurent en tant de points différents de la planète, en tant de moments différents de l'histoire des races, pauvres microlithes à la merci de leurs artificielles destinées. Mais c'est ainsi que l'on se comporte au fond de ce puits, car dans l'antre de la Fée des Dents sont jetés tous les hasards que leurs producteurs se sont toujours évertués à nier. En reste les matières peut-être encore imprégnées de sentiments que j'essayais désespérément de renifler du bout des yeux :

Religious Figures and Artefacts
Human Form in Art
Animal form in Art
Treatment of the Dead
Treatment of the Dead Ennemies
(surtout ne pas oublier de leur manger le foie.)
Flutes. Trumpets. Luths
(Le silencieux tintamarre de l'infra-monde…
Coiled Baskets. Drums
… battant encore et toujours dans nos poitrines.)
Writing and Communication
(que je m'efforce de maintenir en remontant péniblement à contre-courant tandis que ma main se crampe et que ma concentration défaille. Le courant se renforce-t-il ou est-ce qu'avec l'âge je m'affaiblis ?)
Woven baskets
Methods of Making Fire
(Je les ai toutes essayées ; j'ai toujours échoué.)
Lamps and Lighting
Ropes. Strings and Nettings

Il existe un double mystère – ce qui est normal puisque la Fée des Dents anime et arrange cet univers dont il est question ici : pourquoi, comment ces objets accumulés là nous fascinent, nous investissent comme si c'étaient eux qui nous plaçaient, nous disposaient en d'étranges postures dans ces boîtes vitrées ; Salomé dansant à jamais figée au cinquième voile et nous laissant pour toujours désirer la suite ; la tête de saint Jean Baptiste en train de se décoller et qui n'en finirait jamais de tomber, saisie en plein vol, en pleine orbe, et moi montrant du doigt la lune de néon sous la voûte victorienne en fer forgé à tous ceux qui regardent mon doigt encore humide d'une substance translucide, onctueuse et parfumée (« Rince-toi les mains. Il y a de l'acidité dans le con des filles. Tu vas t'en mettre plein les yeux. ») ?

Est-ce que la matière me place alors dans son refus morbide du réel ? Mais qu'importent le réel et son évanescence rentabilisée à marche forcée ! La congruence des formes m'anime. Je viens ici en pèlerinage respecter mes aînés auxquels les aigrettes vibrantes de ma tête rendent hommage. Je m'avance dans les allées avec la démarche et la pondération d'un héron ou d'un marabout. Puisque l'accumulation des sexes de la race humaine nous fera exploser, nous faisons demi-tour. Nous faisons demi-tour parce que nous n'avons jamais voulu partir, nous n'avons jamais voulu que la fille à peine née soit séparée de son père, puis de son frère, et qu'elle se noie. Nous n'avons jamais voulu que le fils respectueux des enseignements de son père soit séparé de sa mère au jarret coupé, même si le tsunami est venu déverser sa fureur sur la famille éclatée (le rut explosif de la terre). Rien n'est évident lorsque les troubles et les causes des troubles se confondent.

Amulets and Charms. Toutes dents ouvertes, la bouche prête à te cracher dans le bol de cuivre gravé des versets du *Qur'ân* et dont l'eau une fois bue soulagera les douleurs de la parturiente – ta parturition face au crâne d'ours tibétain peint en noir, rouge et jaune l'image du Bouddha sur son front, sur ton front.

Tools and Natural Objects used as Charms. En particulier ces pierres d'elfes, haches et pointes néolithiques attachées par des rubans d'algues utilisées en Italie pour protéger de la foudre. Bout de langue humaine séchée conservé dans une bourse pour porter chance, ma langue ! J'y ai même vu des poupées vaudou aux yeux percés d'aiguilles, mes yeux percés d'aiguilles. Cela s'appelle peut-être de la muséophagie. La Fée des Dents est curatrice. Flûtes et sifflets d'os. Deux pattes antérieures de taupe pour éliminer les crampes.

Model Boats and Rafts
Model Boats and Canœs
Smoking and Betel-chewing equipment
Bones, Bones, Bones

Les os, les os et les os de tant d'êtres. Leurs cloches, tambours, harpes et poitrines résonnant, s'avançant en procession. Les moulins à prière et les tissus qui drapèrent tant de femmes au vagin aujourd'hui empli de poussière. N'en plus finir de reproduire et de remplir dans ce hall des peuples, comme si cela pouvait ralentir la décomposition, sous cette voûte, l'entrepôt des espoirs et des douleurs de la Fée des Dents qui nous cerne pour l'éternité. Tous ces masques et boucliers accrochés jusqu'aux hauts plafonds ne cessent de m'observer de leur regard fixe, attendant que j'ose, me dissuadant de passer la porte en sens inverse, les pieds devant en faisant bien attention à ne pas imprimer ma trace rétive sur le seuil, sur la margelle du puits où une jeune sorcière a pissé tandis que les *bull-roarers* vrombissent de hargne à mes oreilles couvrant les notes clairement inaudibles du piano de la fée.

Lugubre, un dernier regard sur les huttes miniatures de mon enfance qui me soulèvent le cœur, l'espoir fossile dans la petite nef de verre et d'acier de l'utérus de la fée bottée chevauchant son absence prémonitoire. *Homunculus crustaceous minor*. Environ 12 millions d'années. Les restes fossiles de la coquille abandonnée d'un *Homunculus crustaceous*. *Mutaceous strata*. Animisme du sexe et de toutes les fécules et squames de notre peau qui se déposent en fines poussières sur mon musée-atelier personnel dont je retrouve le chemin instinctivement, presque en aveugle, tentant de ne plus entendre les bavards invétérés qui grouillent en ce monde semi-enterré.

Boire ce qu'elle recrache
En échange de tout le savoir que l'on
Divulgue sans retenue sur les rails
D'un destin découpé à la hache.

Et voilà ! C'est bien elle qui danse légère des pointes sur les touches d'ivoire, les dents de lait de mes enfants parmi tant d'autres, sacrifiées, préservées. Enfin je la vois ! Du moins, c'est ainsi que je l'imagine. Les poils pubiens des blondes rappellent les chevelures bouclées enfantines. L'innocence alliée à la perversité. Quel délice ! Mais si je me trompais du tout au tout ? Et si elle était en fait barbue, sombre, coiffée d'une tiare cornue, les oreilles effrangées, velues, pointues, les lobes distendus percés d'os aigus, les seins, deux gourdes grises pendantes, tenant un masque hurlant devant son sexe pour prétendre qu'elle n'en a pas alors qu'il est le signe de toutes les fureurs ? Et le pire, deux pattes de poule en guise de chaussons de danse ? Qui pourra me dire si j'ai une raison ou pas ? Qui pourra me dire où je vais et où j'en suis ? Elle ? Allons donc ! Elle jouit du bruyant silence dans lequel elle me maintient (les sons sont là ; pourtant, je ne les entends toujours pas. Surdité de la conscience dont je ne demanderais qu'à me débarrasser) et se glorifie de l'invisibilité dont elle se drape pour prétendre qu'elle n'est d'aucun sexe en vrai.

Elle est cette paradoxale maîtresse des objets dont je camoufle mon caisson sur l'allée des Alyscamps, à Arles, comme ces larves aquatiques de mouches *caddis* qui récupèrent n'importe quel gravier, brindille ou détritus pour camoufler leur fourreau protecteur ou leur étui pénien (procurez-leur des paillettes d'or et des pierres précieuses, et vous verrez ce que cela donne). De toute façon, ne pas savoir fait partie du jeu qui pousse la créature dans le labyrinthe des données, des émotions, des totems du devenir loup, épervier ou couleuvre. Leurs troncs rouges s'élancent d'étage en étage et remontent presque jusqu'à la bouche du puits, tout là-haut, où je la vois brièvement se découper sur fond de ciel crépusculaire, en silhouette fine à contre-jour, me regardant penchée pensive puis disparaissant de nouveau. J'ai perdu. Je l'ai perdue. Je me suis perdu.

*

Empli d'illusions de tout ordre et de tous sens, j'essayai de remonter un peu en surface et, pour ce faire, ouvris le petit cabinet en chêne de ma grand-mère, dans son minuscule appartement sans salle de bain ni eau chaude de la rue du Pré-Fauchier pour la première fois vide après soixante-trois années d'occupation, vidé des présences de mon enfance et résonnant uniquement des cigales de cet été où elle l'avait définitivement quitté pour un hospice-mouroir du quartier, pauvre hère gastéropode hors de sa coquille se traînant sous les palmiers.

A l'intérieur se trouvaient les cartons à chaussures remplis de toutes les cartes postales qu'elle y avait accumulées depuis l'après-guerre encore tout frais. Je commençai par effeuiller le dessus de la première pile. (J'écrivais ces lignes alors même que la vieille dame en question était en train de vivre ses dernières heures. Depuis le temps qu'elle me répétait qu'elle en avait assez d'être là, qu'elle voulait s'en aller… Voilà, c'est fait. Il faut faire confiance à l'instinct et à l'intuition qui sont en prise directe avec l'infra-monde de la Fée que ma grand-mère a maintenant rejointe. Libération. En fond sonore, je ne peux m'empêcher d'entendre les paroles de Bobby Lapointe chantant « Merci madame la fée… ». La fumée noire au parfum âcre de chair grillée s'élève dans le ciel bleu hivernal pour que l'on puisse ensuite disperser les cendres d'os blanches sur quelques galets gris mouillés. Pourquoi épiloguer lorsque la matière nous reprend et que la Provence tout entière nous enveloppe ? *Cuncta fovens lapsa instauro peritura reduco*, « nourrice de toutes choses, je renouvelle ce qui est tombé et restaure ce qui doit périr »).

Je commençai par relire les plus récentes cartes que je lui avais moi-même envoyées d'Angleterre, d'Inde, du Brésil. J'y constatai la croissance si rapide de mon fils et de ma fille, qui n'auront plus besoin de lui en envoyer d'autres. Avec curiosité, je relus également celles plus anciennes du temps où j'étais encore étudiant, lors de mes séjours au Japon, en Indonésie : une vue du Fuji, deux geishas, un monstre balinais. J'y décelai la présence discrète de mes successives compagnes, comme des gardiennes en retrait qui avaient veillé au bon ordre de marche de ma maturation amoureuse, de mon usure aussi. Le tourisme tout aussi voyeuriste du reste de ma famille s'amoncelait en amas de platitudes tachistes tandis que le temps que je remontais ainsi par une étrange compression se ralentissait, s'épaississait, se densifiait. Et la terre tout entière apparaissait bientôt, se développant en nappes d'images glacées accompagnées de quelques mots conviviaux à partir d'une boîte en carton poussiéreuse et malpropre. Viscosité d'une vacance étrangère, tous ces voyages sur place dans un cabinet de bois.

Mon étonnement et mon émotion s'accrurent lorsque, dans un autre paquet dont l'élastique sec, brûlé par le temps, s'effrita à peine touché, je retrouvai des cartes que mes parents m'avaient envoyées, à moi, chez ma grand-mère, tous les étés des années soixante qu'ils avaient passés à voyager en Italie, en Espagne, en Hongrie, en Grande-Bretagne déjà, tandis qu'elle me gardait et m'emmenait à la plage de Mar Vivo au petit jour avant la forte chaleur estivale : un âne aux paniers chargés de bonbons, deux hérissons dialoguant, un torero cambré au-dessus de son taureau rouge et noir, un *horse-guard* à la stupide immobilité, un mot tendre et amusant de mon père, la signature de ma mère. Ces images me revenaient tout autant du fin fond de mon corps au fur et à mesure qu'elles sortaient de la pile et les larmes me gagnaient les yeux en même temps que ces relents de mémoire dévastés. J'étais là en train de remonter à ma source comme un alevin d'anguille ou comme la fois où, lisant *Les Contemplations* d'Hugo, je retrouvais sortis tout droit de mon ventre et se formant dans ma gorge une fraction de seconde avant de les lire les vers d'*Oceano Nox* que j'avais appris pour une récitation d'école primaire trente ans auparavant, puis cru tous oubliés, envasés plutôt.

Jamais je n'aurais imaginé pouvoir vivre une telle inversion du courant du temps. Je m'élevais carte après carte dans les couches de notre histoire familiale et arrivai aux félicitations transmises par une voisine à Mme Lucie Roubaud, jeune grand-mère, le jour de ma naissance. Quel bonheur cela allait être pour elle de me voir grandir ! Son futur était devenu mon passé mais je ne pouvais plus le lire comme tel *« since it is in my power to o'erthrow law, and in one self-born hour to plant and o'erwhelm custom »* (« puisqu'il est en mon pouvoir de transgresser la loi, et, dans une seule de ces heures nées de l'heure, de planter et déplanter la coutume »), car il m'attendait là, devant moi sans coup férir, un sourire énigmatique aux lèvres, au dos de chaque image que je prenais et retournais en tremblant.

Je me mis à lire les cartes d'Algérie que son futur beau-fils, mon oncle, lui écrivait pour lui raconter la guerre dans le djebel et pour lui dire combien sa fiancée, qui était déjà depuis quelques jours ma tante, lui manquait. Je finis par tomber sur la carte qu'une amie en vacances aux Sables d'Olonne – forcément – avait écrite à ma mère encore jeune fille vivant chez sa mère. Les références me faisaient défaut et tout se brouillait. Je n'osai aller plus loin. Il me semblait que quelqu'un lisait en même temps que moi par-dessus mon épaule. Je laisserais mon oncle livrer tout cela au brocanteur. C'était trop pesant, et l'horreur du dragon du temps… Je n'en pouvais plus et fumai une cigarette flottant dans l'appartement vide, suspendu entre deux couches d'huile, l'une rougeâtre et l'autre dorée, dans la viscosité de ce crépuscule d'été qui me baignait. La maison de campagne de mon arrière-grand-père, à Bandol, près de la gare ; ma mère et sa sœur enfants revenant d'un pique-nique à la plage dans l'entre-deux-guerres… Ce n'étaient même plus là mes souvenirs…

Plus rien ne m'empêche maintenant d'écrire au sujet de cette vieille cousine italienne de mon père, Juliette Caramico, la chère amie des oiseaux, qui habitait à Marseille, rue Paradis et qui avait été caissière de bordel du côté de l'Opéra dans sa jeunesse. Elle s'était mariée sur le tard avec un blond pâlot et faiblichon, fumeur invétéré à qui il ne devait rester qu'un tiers de poumon sur deux, dénommé Marius (si, c'est vrai, Juliette et Marius). Cette cousine gardait dans sa cuisine sept ou huit cages à oiseaux aux portes constamment ouvertes. Vivaient là dans la plus totale liberté une douzaine de canaris bruyants. Bien entendu, ils chiaient absolument partout et je me suis souvent demandé, étant enfant, quand nous passions la voir en son haut paradis aviaire, quels pouvaient bien être les assaisonnements de la nourriture de Juliette et Marius.

Ces canaris se cantonnaient à la cuisine, le reste de l'appartement demeurant interdit à leurs volètements erratiques. Ils ne sortaient même pas par la fenêtre la plupart du temps ouverte sur les toits de la cité phocéenne descendant en rouges restanques de tuiles vers la tranchée du Vieux-Port, peut-être par peur d'un excès de la liberté qui leur était accordée. Mais vivait également dans la cuisine un moineau dont elle avait soigné l'aile brisée et qui ne volait plus guère mais sautillait où bon lui semblait. Lui seul avait le droit de venir regarder la télévision le soir dans le salon. Il se perchait en général sur le bras droit du fauteuil de Juliette, la mère de tous ces oiseaux et la reine du royaume des cieux, et s'endormait fréquemment en regardant « Au Théâtre ce soir ». Je ne me rappelle hélas plus le nom de ce bienheureux moineau et tous ceux qui auraient pu le connaître sont morts maintenant, mais je continue à me demander quel pouvait bien être le rapport entre le maquerellage de bon aloi et l'élevage de canaris en semi-liberté.

Voici qu'ayant cru l'avoir découvert lors de mes recherches archéologiques, mais plus vraisemblablement après en avoir fabriqué une copie, reproduction maladroite et approximative à partir de on-dit – je n'arrive plus très bien à me le rappeler tant ma mémoire flanche, s'enlise et sombre – , j'ai joué un air improvisé sur le piano de la Fée des Dents et n'en ai tiré aucune musique. Le silence à cet instant m'emplit du désespoir du temps qui file à la vitesse d'une péniche descendant le courant avec la marée, et ce n'est certes pas le piano-cocktail de Boris Vian….

*

De nombreuses années plus tard, lors d'un bref séjour pascal à Weimouth (la bouche de la rivière Wei), petit port du Dorset face au Bill de Portland, je visitais le musée local situé dans les locaux d'une ancienne brasserie. A la fin de la Time Walk, une promenade où l'on descend le fil du temps pendant que des mannequins de cire illustrent les grands événements historiques de la ville (peste noire, destruction de l'Armada espagnole, guerre civile de Cromwell, préparation du débarquement de 1944, etc.), les visiteurs sont invités dans un pub reconstitué à goûter la production de bière du cru.

A l'instant où j'entrai dans ce bar, la serveuse d'un certain âge derrière le comptoir sembla casser un verre, mais, je l'apprendrai plus tard, sans l'avoir touché. Je n'y prêtai pas attention jusqu'à ce qu'elle me demande d'aller à l'extrémité du comptoir, de l'autre côté d'une cloison de bois, afin qu'elle puisse me servir un verre de dégustation. A notre approche, un deuxième verre, à pied cette fois, se cassa sur les étagères derrière elle. Elle commença à rire, un peu gênée, et se demanda ce qui se passait. Elle m'expliqua que, dans les deux cas, elle n'avait rien touché, ce que je n'avais pas encore réalisé. Nous rîmes, un peu perplexes cependant, et je lui suggérai que le bris de ces verres était sans doute dû à des vibrations provoquées par une porte qui aurait claqué dans les toilettes derrière le mur par exemple. Toujours riant, je dis aussi qu'il s'agissait peut-être d'esprits frappeurs, d'un *poltergeist*.

Mais soudain, tandis que je me reculais un verre à la main tout en parlant, elle me fit remarquer que la lampe en applique sur le mur derrière moi venait de s'éteindre. D'étonnement, mon rire se figea sur mes lèvres, je me retournai, regardai la lampe effectivement éteinte et, toujours plaisantant, remarquai que ce lieu était visiblement hanté. Tout le monde s'esclaffa de plus belle, mais je sentis un malaise s'installer entre la serveuse et moi. Quelques instants après, m'étant éloigné de la lampe, la voici qui se ralluma. Je préférai quitter les lieux assez rapidement, à la fois gêné et troublé, sans plus faire de commentaires.

Ce fut seulement le lendemain matin qu'à la réflexion je me demandai si ce n'était pas effectivement moi qui avais provoqué ces trois phénomènes ; nous aurions réellement assisté à un mini-

poltergeist que j'aurais déclenché sans m'en rendre compte sur le moment, mais tout en réagissant au fur et à mesure du déroulement des événements. Ma seule explication : j'avais touché durant la visite du musée un coffre de massif fer forgé espagnol, récupéré lors du pillage d'un des navires de la Grande Armada, puis longuement passé les mains sur la surface lisse et astiquée des immenses cuves à bière en cuivre de la brasserie. Dans cet environnement tout de planchers et de cloisons de bois isolant, je m'étais peut-être chargé d'électricité statique. J'étais ensuite entré dans ce pub telle une pile pleine rayonnant d'ondes perturbantes. A mon approche, les verres fragiles explosaient et le courant s'interrompait.

A quelque temps de là, par un après-midi orageux, j'étais allé rendre visite à une amie de ma future compagne dans l'éventualité de lui sous-louer une chambre de son appartement dans un HLM de l'East-End londonien essentiellement peuplé de Bangladeshis. Elle-même prénommée Anna était d'origine maltaise. Elle nous reçut en compagnie de son partenaire, un Noir guyanais qui avait été champion de karaté et qui continuait à gagner sa vie comme accompagnateur-garde du corps d'hommes d'affaires japonais en goguette dans le quartier chaud de Soho. Elle s'était fendue d'une bouteille de champagne et le tonnerre grondait pendant qu'Otis faisait sauter le bouchon et nous servait dans la cuisine. Nous passâmes ensuite dans le salon, Anna la première, moi la suivant, puis Otis et enfin mon amie Mireille, nos verres à la main. Je me tenais un peu en retrait sur le côté de la pièce, observant la démarche puissante d'Otis, tout de muscles roulants, quand je le vis brusquement lâcher son verre qui explosa littéralement sur le tapis de laine pourtant épais. Le champagne giclait encore qu'Anna se retournait déjà pour lui demander des explications. Il se confondit en excuses, mais déclara aussi qu'il ne comprenait rien à ce qui venait de lui arriver. Homme ayant pourtant un grand contrôle de ses mouvements, il avait ressenti un très violent coup sur le dessus de la main qui lui avait fait lâcher son verre. Il était de plus tout à fait étonnant que le verre ait éclaté ainsi étant donné l'épaisseur moelleuse du tapis. Il avait dû y être projeté avec une force extraordinaire. La scène n'avait duré que quelques secondes et Mireille nous ayant rejoints, nous regardions tous les quatre interloqués le sol souillé de débris. L'orage se faisait plus pressant. Anna nettoya, alla chercher un nouveau verre pour Otis et nous pûmes enfin nous asseoir sur les confortables canapés du salon.

C'est alors que je me souvins de l'épisode du musée de Weimouth qui avait eu lieu seulement quelques semaines auparavant et que je le racontai pour meubler la conversation et me rendre intéressant. J'aurais peut-être mieux fait de me taire car cela troubla profondément Anna. Elle fit un signe de croix et me demanda si je n'avais jamais eu l'impression qu'une présence invisible me suivait ou m'accompagnait parfois. Je lui répondis que non, bien sûr, et nous continuâmes notre conversation comme si de rien n'était. Mais quand nous partîmes, elle balaya soigneusement l'air derrière moi de grands signes cabalistiques et par la suite refusa obstinément de me sous-louer sa chambre d'ami.

Par qui avais-je bien pu être accompagné ce jour-là et lors de ma visite à Weymouth ? Pourquoi faudrait-il que je m'enfonce dans la superstition, moi qui crois en si peu de choses ? La Fée des Dents essaie-t-elle de me faire peur pour que je cesse de la poursuivre de mes assiduités ? Mais cela n'a jamais été mon intention et c'est bien plutôt elle qui cherche à m'habiter de toutes ses formes et de toute sa sensualité.

Ce conte d'hiver finira peut-être bientôt. Sa statue nue commencera à s'animer et elle descendra de son piédestal. Je vais cesser de vous parler de cette étrange fée ; je crois vous en avoir assez dit. Peut-être qu'un jour elle m'enlèvera et me mettra sous cloche au fond d'un lac, comme Viviane le fit de Merlin, et il faudra bien que je me taise à ce moment-là. L'avez-vous vue quelque part ? Si c'est le cas, écrivez-moi, s'il vous plaît.

SUR QUELQUES VÉHICULES DE CETTE INSPIRATION POÉTIQUE

J'achèverai mon parcours dans le métro londonien avec quelques lignes graffitées sur une affiche par un poète anonyme et peut-être réactionnaire. Cette publicité – peu importe le produit – figurait une pseudo-chaîne évolutive allant du chimpanzé au ramapithèque, de celui-là à l'australopithèque, puis de l'homme de Neandertal à un jeune roller-skater, casquette de base-ball, lunettes de soleil sur le nez et walkman sur les oreilles, chemise à fleurs, large short et baskets fluo, dansant sur sa planche à roulettes :

Did Charlie make a monkey out of you ?
Do you think you should be living in a zoo ?
Don't you know that's a lie
Cause you know when you die ?
You'll find out you're not a monkey but a fool.
Dad.

(Charlie a-t-il fait de toi un singe ?
Crois-tu que tu devrais vivre dans un zoo ?
Ne sais-tu pas que c'est un mensonge
Car de ta mort tu as conscience ?
Tu t'apercevras que tu n'es pas un singe mais un idiot.
Papa.)

Il semblerait que cet obscur poète, par ailleurs non dépourvu d'esprit, soit un créationniste, un de ces tenants de la création divine telle qu'elle nous est décrite dans la Genèse, niant la théorie évolutionniste communément admise depuis un peu plus d'un siècle. Cependant, nous savons de nos jours que cette évolution n'a pas été aussi linéaire que nous aurions tout d'abord voulu le croire. Non seulement plusieurs espèces d'hominidés ont pu cohabiter à la même époque, mais au cours de l'histoire de notre planète, la multiplicité et la richesse des formes du vivant ont grandement varié, avec des pointes au Dévonien et au Carbonifère et des chutes brutales au Trias-sique et au Jurassique encore inexpliquées (une comète ? Un volcan géant ?). L'arbre généalogique traditionnel ressemblerait plutôt à des touffes de fucus soumises aux marées cosmiques, leurs vésicules de flottaison des familles ayant mieux réussi que d'autres, souvent par le plus grand des hasards.

On peut s'amuser à imaginer la fureur du poète s'il avait été mis en présence de cette citation du maître lui-même aux implications matérialistes fort graves :

> *Having proved mens & brutes of one type : almost superfluous to consider minds.*
>
> (Ayant prouvé l'unité des corps de l'homme et de la brute ; presque superflu de considérer les esprits.)
>
> Charles Darwin, *Notebooks on Transmutation of Species*

Quel ravalement ! Quel avilissement ! Quel abrutissement au sens propre du terme ! Comment pourrions-nous être mis au même rang que les chiens et les cloportes ? Que faisons-nous du rire, de la conscience de la mort, de Dieu lui-même et de cette lumière qu'il fait briller au plus obscur de notre âme ?

Je ne m'aventurerai pas dans un tel débat. Je sais seulement avec quelle force mon fils s'accroche de ses quatre membres à ma poitrine quasi marsupiale et combien la procréation s'apparente à un involontaire bourgeonnement printanier. Évolutionnisme, créationnisme, je ne saurais personnellement me tenir dans un camp plutôt que dans l'autre. Le Déluge et la nécessité d'une nouvelle Arche me semblent des réalités bien trop présentes pour les nier. Effectivement, l'obligation imposée non par la science mais par notre humanité avide de vivre dans un zoo me paraît tout aussi évidente, n'en déplaise à l'auteur du petit poème et à nos cousins qui doivent nous supporter, nous souffrir. Primates, divins, idiots, chaque jour m'apporte la preuve de notre nature composite et interdépendante. C'est pourquoi je me contenterai de parcourir cette chaîne de l'évolution en tous sens encagé et d'en représenter certains moments dans une apparente volonté de connaissance. Apparente, car bien plus qu'une connaissance ou même un chimérique pouvoir, contrôle ou maîtrise qu'elle m'offrirait, c'est une participation à la réalité physique du vivant (l'illusion d'une participation me suffirait déjà) que l'activité créatrice seule m'apporte par sa déambulation concentrée, m'empêchant ainsi de n'être qu'un esprit errant.

L'animal, l'homme primitif et l'homme moderne ne sont que des variantes d'une permanence qu'il m'importe de formuler pour mieux y adhérer, et ma conscience formulante un épiphénomène cherchant à se débarrasser de son « épi », voulant se retrouver phénomène avec les maigres outils laissés à sa disposition : langage, vision, eux-mêmes signes premiers et peut-être causes de cette « épinomie ». Écrire pour rompre l'orphelinage d'une île mentale. Écrire pour éviter de se taire et de s'aveugler. Écrire pour pouvoir enfin se taire, fermer les yeux et se sentir être parmi les autres, jusqu'à ce que la conscience de la mort devienne, elle, mensonge. Quelques instants avant d'être brûlé vif, Giordano Bruno cite Plotin :

« Que ce qu'il y a de divin en moi rejoigne ce qu'il y a de divin en la nature. »

L'HARMATTAN, ITALIA
Via Degli Artisti 15 ; 10124 Torino

L'HARMATTAN HONGRIE
Könyvesbolt ; Kossuth L. u. 14-16
1053 Budapest

L'HARMATTAN BURKINA FASO
Rue 15.167 Route du Pô Patte d'oie
12 BP 226
Ouagadougou 12
(00226) 76 59 79 86

ESPACE L'HARMATTAN KINSHASA
Faculté des Sciences Sociales,
Politiques et Administratives
BP243, KIN XI ; Université de Kinshasa

L'HARMATTAN GUINÉE
Almamya Rue KA 028
En face du restaurant le cèdre
OKB agency BP 3470 Conakry
(00224) 60 20 85 08
harmattanguinee@yahoo.fr

L'HARMATTAN CÔTE D'IVOIRE
M. Etien N'dah Ahmon
Résidence Karl / cité des arts
Abidjan-Cocody 03 BP 1588 Abidjan 03
(00225) 05 77 87 31

L'HARMATTAN MAURITANIE
Espace El Kettab du livre francophone
N° 472 avenue Palais des Congrès
BP 316 Nouakchott
(00222) 63 25 980

L'HARMATTAN CAMEROUN
BP 11486
(00237) 458 67 00
(00237) 976 61 66
harmattancam@yahoo.fr

Achevé d'imprimer par Corlet Numérique - 14110 Condé-sur-Noireau
N° d'Imprimeur : 65540 - Dépôt légal : décembre 2009 - *Imprimé en France*

l'Amateur de Plein Air

Antoine Lengo

LOBSCÈNE